DVDでよくわかる だれでも楽しく上達 ボルダリング

BOULDERING

ボルダリングワールドカップチャンピオン
野口啓代監修

JN300319

ホールドがつけられ、
命が吹き込まれた壁は、
幾何学的で美しい

体が、ホールドとひとつになる至極の瞬間

相対するものは、たったひとつ。それは、目の前にある壁

知力、筋力、体力、技術のすべてが同化して、
美しいクライミングが完成する

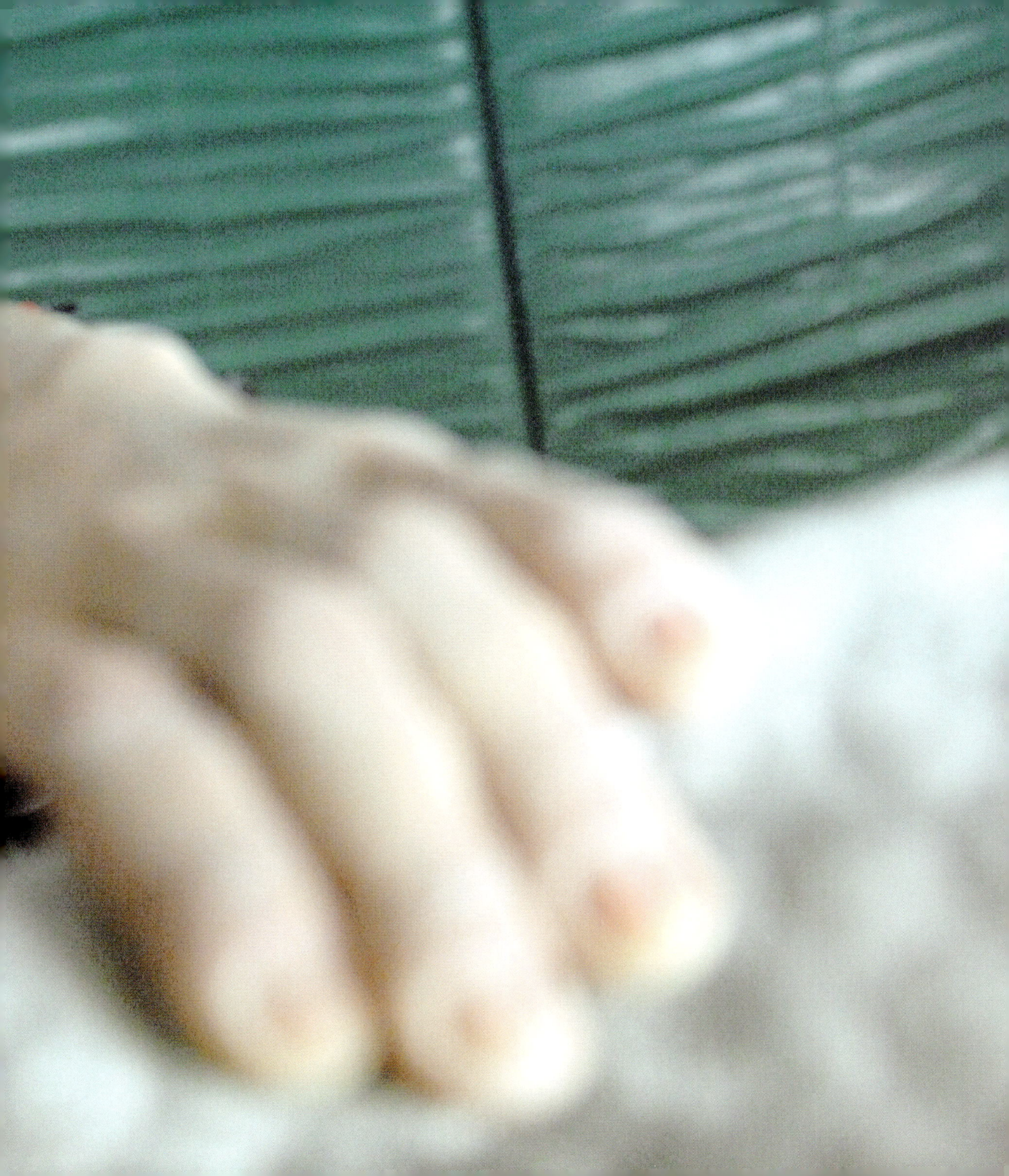

ロープに束縛されない、
自由な感覚と緊張感

Kazuma WATANABE

Toshiaki TAKEUCHI

課題を攻略するおもしろさ、
そして難しさ

外岩の醍醐味、
それは自然との一体感を感じる時

手と足に、長い歴史を刻んだ
岩からのメッセージを感じとる

ある時は優しく、ある時は厳しく、
岩は表情を変える

見えないトップに夢をはせ、
岩に食らいつく

Kazuma WATANABE

この時ばかりは岩を一人占め。
爽やかな風を感じるひととき

DVDでよくわかる
だれでも楽しく上達 ボルダリング

野口啓代 監修
（ボルダリングワールドカップチャンピオン）

PART 1 ボルダリング・ジムの基本編 19
ジムでボルダリング楽しむための基礎知識

ボルダリングのススメ …… 20
ボルダリングは、決して難しいスポーツではありません

ボルダリングの楽しみ方とその魅力 …… 22
「誰でも簡単に始められる」、これがボルダリングの最大の魅力

ボルダリング・ギア / シューズの種類と選び方 …… 24
ジムでは着脱が楽なタイプを選ぶ。ソール（靴底）の形にも種類がある

ボルダリング・ギア / ウエア＆チョーク＆チョークバッグ …… 26
動きやすいウエアの他に、チョーク＆チョークバックも揃えておこう

ジムのルール …… 28
安全にボルダリング楽しむためには、ジムの決まりことを守る

ストレッチ（準備運動） …… 30
さまざまな動きに対応するために、全身の柔軟性を高める

とりあえず登り、安全に降りる …… 34
ジムの壁というものを知るために、まずは一度登ってみる

スタートとゴールの仕方 …… 36
スタート＆ゴールには、指定されたホールドがある

課題説明 …… 38
ジムの壁には、さまざまな課題が設定されている

Column 1 …… 40

PART 2 基本テクニック 41
ハンド＆フットホールドとホールディング

ハンドホールド＆ホールディング 1 …… 42
人工ホールドの場合は、ほとんど持ち方が決まってくる

ハンドホールド＆ホールディング 2 …… 44
確実に登るには、ホールドの形を見極めることが大切

ハンドホールド＆ホールディング 3 …… 46
ホールドにはいろいろな形や向きがあり、それぞれ効果的な持ち方がある

フットホールド＆フッワーク 1 …… 48
足のパワーを効果的に使えるフッワークを覚えることが大切

フットホールド＆フッワーク 2 …… 50
足を上手に使って、なるべく手の負担を少なくしよう

フットホールド＆フッワーク 3 …… 52
足は手に比べて高いパワーを持っているので、効果的に使おう

Column 2 …… 54

PART 3 基本的な動き 55
安全に楽しく登るためには、基本的な動きを覚える

カウンターバランス / 3点支持 …… 56
片足をリラックスさせたような状態でバランスをとる

手足を交互に出して登る …… 58
ハシゴを登る時のように、足→手→足→手 の順番に出すのが基本

ひじを柔軟に使って腕をできるだけ伸ばす …… 60
ひじを曲げ壁にしがみついてしまうと、次の動きがやりにくくなる

腕に集中してしまい、足を大きく動かせない …… 62
腕を伸ばしながら余裕をもって登ることができれば、足元を見ることができる

つま先でホールドに立つ …… 64
つま先を使うことができれば、足の可動域は広がる

体と壁のスペースを使う …… 66
手を出す時には体を壁に引きつけ、足を出す時には壁から離れる

正対ムーブと重心移動 /PART 1 …… 68
体の正面を壁にまっすぐ向けて登る動きが正対ムーブ

正対ムーブと重心移動 /PART 2 …… 70
取りにいく手と同じ側の足に重心を移動させることで、上体を上げる

腰のひねりを使ったムーブ …… 72
つま先でホールドに乗り、かかとの向きを変える

手の持ち替えと足の乗せ替え …… 74
両手もしくは両足でしっかりホールドできたら、慌てないことが大切

クロスムーブ …… 76
手をクロスさせた後の、体を返すムーブは必ず覚えておこう

横へのムーブ …… 78
動きをスムーズにするために、横へ動いてみよう

Column 3 …… 80

PART 4　実践的な動き　81

カウンターバランスを使ったムーブを覚える

ダイアゴナル …… 82
右手と左足、または左手と右足など対角にある手足でバランスをとる

アウトサイドフラッキング …… 84
フットホールドに乗せてない足でバランスを保つ

インサイドフラッキング …… 86
つかんだ時に、体が一直線なるように意識すると安定する

ハイステップ …… 88
高い位置のホールドに足を置いたら、その足に重心を移動させる

バックステップ …… 90
下半身を固定することで、次のホールドがつかみやすくなる

デッドポイント …… 92
両手で体を壁に引きつけ、その勢いで一瞬の無重力状態を作り出す

手に足 …… 94
かかとにお尻に乗せていくような感覚でホールドに乗り込んでいく

フィギュア 4 …… 95
足を入れないほうの足は壁に接するなどして、バランスをとる

ランジ（ダイノ） …… 96
体をスイングさせて勢いをつけて、一気に次のホールドをとる

前傾壁を登る …… 98
おヘソを中心に重心の位置を壁に垂直に意識していく

PART 5　課題を登る　99

さまざまな課題にチャレンジしてスキルアップする

ウォーミングアップ&オブザベーション …… 100
壁を降りないで、手と足の動きを確認しながら体を温める

初級課題 /STEP 1 …… 102
ひじを伸ばすのが基本。ホールドを確認しながら登る（110°の壁）

初級課題 /STEP 2 …… 104
ホールドと体の向きを合わせて、スムーズに登ろう

初級課題 /STEP 3 …… 106
ホールドの向きを見極めてイメージする

初級課題 /STEP 4 …… 108
ダイアゴナルの基本と中継ホールドの活用で初心者を卒業する

中級課題 /STEP 1 …… 110
135°の壁を登ってみる。腕を伸ばして視界を広く保つ

中級課題 /STEP 2 …… 112
オブザベーションが重要になる

中級課題 /STEP 3 …… 114
ポケットやハリボテなどホールドの特性をうまく生かして登る

中級課題 /STEP 4 …… 116
ランジはしっかりと目で見て、狙って、タイミングを合わせて腕をのばす

上級課題 /STEP 1 …… 118
まずは浮ける（スタートできる）ようになる

上級課題 /STEP 2 …… 120
見えない、見えづらいホールドをとる

上級課題 /STEP 3 …… 122
体を揺らさず安定させて登る

上級課題 /STEP 4 …… 124
力が必要になる場合も多いが、基本となる動きは同じ

特殊課題 /STEP 1 …… 126
保持力の高さが試され、純粋な「力」も必要になる

特殊課題 /STEP 2 …… 128
技と身体能力のすべてをつぎ込む

Column 4 …… 130

PART 6　外岩を登る　131

もし機会があったら、自然の中にある外岩を登ってみよう

外岩の魅力 …… 132
自然の中でのボルダリングは爽快のもの

外岩のマナーとルール …… 134
自分たちのフィールドを守るために

経験者と出かける。グレードとトポ …… 136
初心者もエキスパートも同じフィールドで楽しめる

用具を揃える …… 138
外岩には、専用のボルダリングマットが必要

マットの使い方＆落ち方 …… 140
登っている人の動きを見て、マットをこまめに動かす

スポット …… 142
腰や脇、背中など上半身をつかまえて、マット上に誘導する

スタートとゴール …… 144
課題のある岩の上まで登りきって、岩の上に立てばゴール

マントリング …… 146
簡単な外岩で繰り返し練習して、確実に身につけることが大切

簡単課題で練習する …… 148
楽しさを味わうために、最初は簡単な岩を経験する

外岩を登る Part 1 …… 150
ジムでは考えられないような状況に出会えるのも外岩の楽しさのひとつ

外岩を登る Part 2 …… 152
手と足自由。自分の四肢を使って、岩の上に立つのが目標

外岩を登る Part 3 …… 154
身の丈にあった岩を選んで、安全に楽しむことが大切

外岩を登る Part 4 …… 156
スタート方法を変えるだけで難易度が変わる

外岩を登る Part 5 …… 158
ボルダリングには、いくつかの核心部がある

PART 1
ボルダリング・ジムの基本編

ジムでボルダリングを楽しむための基礎知識

ボルダリングのススメ

ボルダリングは、決して難しいスポーツではありません

ボルダリングはロープや道具を使わずに体ひとつで登る

ボルダリングとは、道具を使わず登るフリークライミングのひとつです。Boulder（大きな石や岩）を、ロープや道具を使わずに体ひとつで登ることから、ボルダリングという名称がつきました。ボルダリングは本来、自然の中にある大きな岩や石などを登ることですが、ジムの人工壁を登ることも指すようになっています。

現在､全国に室内のボルダリング･ジム（以下ジム）が存在し、学校帰りの学生、会社帰りのサラリーマンやOLが気軽に楽しんでいます。私がボルダリングと出会ったのは小学5年生の夏。家族旅行でグアムを訪れた時に、たまたま入ったゲームセンターにボルダリングを楽しめる壁があったのがきっかけでした。そして、ボルダリングの魅力と楽しさにのめり込んでしまいました。ボルダリングには、『課題に挑戦してゴールした時の達成感や爽快感が味わえる』『腕から体幹、足まで全身をゆっくりバランスよく動かすのでエクササイズ効果が高い』『普段の運動ではまず使われないインナーマッスルを使うので代謝がアップ』『効果的に痩せられる』『勉強、仕事、他のスポーツの集中力がアップする』といった様々な魅力があり、現在、もっとも注目度の高いスポーツといえるでしょう。

ボルダリングは、基本的に必要な物はクライミングシューズだけです。あとは体ひとつで登れてしまうので、相当シンプルなスポーツであると同時に、年齢性別に関係なく個々のペースで楽しめるスポーツなのです。そしてそこには､『独自のライフスタイル』や『独自のファッション』､『他のスポーツにはない独特の雰囲気』､『独特のコミュニティ』が存在しています。

今回は、誰でもすぐにチャレンジできるジムの壁を登るボルダリングを中心に構成しましたが、この本通じて、ボルダリングというスポーツに興味をもってもらい、楽しくチャレンジしていただけたら幸いです。ボルダリングは、決して難しいスポーツではありません。登りたい壁や岩に自分の手と足を使って登るだけなのです。シンプルだからこそ、やればやるほど奥が深いスポーツなのです。

ボルダリングの楽しみ方とその魅力

「誰でも簡単に始められる」、これがボルダリングの最大の魅力

老若男女問わず、誰でも、ボルダリングは気軽に始められる

ジムに行けば必要なギアはすべてレンタルできるので、専用のギアを必要とするスポーツに比べると、誰もが気軽に始めやすい。それがボルダリングの大きな魅力です。そして力まかせに登るのではないから、年齢や性別、スポーツが得意不得意、力があるなしに関わらず、楽しむことができます。

他のスポーツにはない「課題をこなす」というゲーム性が面白い

ボルダリングは、ただ壁を登るだけだと思っていませんか？　ボルダリングには、「課題をこなす」という他のスポーツにはない楽しさがあります。「課題をクリアするにはどうやって登ればいいのだろう」と、登る前に頭の中で体や手足の動きを考え、登っている時にも様々なシミュレーションが必要になる、ゲーム性の高いスポーツなのです。いつでも気軽に友達を誘ってジムに行ける感覚はボルダリングだけ。

エクササイズ効果が高く、楽しみながらいい汗がかける

最近、マスコミで注目されているように、ボルダリングは全身を使うことから、エクササイズ効果の高いスポーツと認知されました。とくに、ウエストやヒップ、二の腕やふくらはぎ、太ももなど、全身を引き締める効果があるといわれています。ジムに行ってみればよく分かると思いますが、女性のプレーヤー数は日に日に増しています。

女性に、「どうしてボルダリングを始めたの？」と聞いてみると、「美しい体を作りたいから」という答えが返ってくることも少なくありません。ボルダリングでダイエットを目的にしている女性も多いようです。

「目標とする課題をクリアするために、これ以上体重は増やせない」と、食事のことを考えたり、歩く時間を増やしたりと、「ボルダリングで日常生活が自然と変わった」という人も多いようです。エクササイズ効果も高いですが、健康維持にも素晴らしいスポーツといえるでしょう。

まずは近くのジムを見つけて、手軽に楽しむ

　ボルダリングを始めるには、まずジムを探すことから始めましょう。ジムには、 初めての人がチャレンジできる壁から、それこそプロフェショナルなクライマーがチャレンジする壁まで用意されています。特別な知識がなくても、近くにあるジムに行くだけで、ルールから、基本の楽しみ方、課題の攻略法、道具の使用方法までていねいに教えてくれると思います。またジムでは、初心者からエキスパートまで様々な人が一緒のフィールドでプレーをしているので、不思議な一体感のようなものが生まれてくるのも魅力のひとつです。

　ジムも普通のスポーツジムと同様に、トイレ、ロッカー、自動販売機、更衣室、休憩スペース、レンタルコーナーなどの設備があり、中にはショップも併設されているところもあり、クライミング・ギアなども購入することができます。シャワーに関しては用意していないジムもありますが、足や手を洗うためのシンクなどは備えられているところが多いようです。ジムを探すには、インターネットを利用するといいでしょう。

ボルダリング・ギア/シューズの種類と選び方

ジムでは着脱が楽なタイプを選ぶ。ソール（靴底）の形にも種類がある

レースアップタイプ、スリップオンタイプ、ベルクロタイプの3種類がある

クライミングシューズにもいろいろな種類があります。基本的なタイプとしては、レースアップタイプ、スリップオンタイプ、ベルクロタイプの３種類。それぞれに、ソール（靴底）の硬いものや、柔らかいものがあり、一般的には、着脱が頻繁なジムではベルクロタイプやスリップオンタイプがお勧めです。いずれにしろ、初心者の場合は、ショップスタッフやボルダリング経験者にアドバイスをもらってから購入することが大切です。

レースアップ

ひも（レース）で編み上げるタイプのシューズ。ひもでしっかりと締め上げるので、きちんと足を固定できて安定感があります。ジムでは着脱を頻繁に繰り返すので、面倒くさがり屋には不向きなモデルです。

スリップオン

足をスリッパのようにつっこむだけのタイプのシューズ。着脱が非常に楽でジムの利用だと大変便利で、価格もリーズナブル。ただ、履き込んでいくと、本体の素材やゴムが伸びて脱げやすくなってしまうので注意が必要です。

ベルクロ

ベルクロのベルトで締めるタイプのシューズ。レースアップとスリップオンの中間的なタイプで、着脱が楽な上にしっかり締めることができます。フィット感の調整もしやすいモデルです。

ダウントウ

ダウントウは、トウ（つま先）が下がった形のシューズ。トウに力が集中し、つま先でフットホールドを有効的に使うことができます。またダウントウのシューズの多くは、靴の先が土踏まず側に入り込んだターンインというソール形状になっています。

この形状により、ホールドをトウで掻き込むように使えるので、小さいフットホールドをとらえやすいといえます。前傾壁などの場合、ヒールやトウで引っ掛けたり引き寄せるテクニックも多用するので、上級者向けのシューズにこのタイプが多いようです。

ストレート

ダウントウ&ターンインとは逆で、足の裏がまっすぐな形のシューズ。ホールドに足を乗せやすく体の向きも変えやすいので、初心者向けといえるでしょう。

クライミングシューズは、少しきついと感じるものを選びましょう

ボルダリングのもっとも重要なギアといったらクライミングシューズでしょう。しかし、シューズの性能を最大限に引き出すには、自分にジャストフィットするシューズを選ぶことが大切です。そのためには、実際にシューズを何種類か履き比べることが大切です。履いたフィーリングは、多少痛いですが少しだけきつめに感じるものを選ぶこと。シューズは基本的に素足で履くため汗を吸収し、何度か使用しているうちに伸びて自分の足にフィットするようになります。シューズの中で足が動いてしまうようであれば力が入らず、しっかりフットホールドに乗ることや、壁にシューズを押しつけることができません。また、小さすぎると痛すぎて登るどころではありません。

普段履いているサイズの1サイズから2サイズ小さめが目安。ただし、人間の足は千差万別です。シューズはフィット感が大切なので、ショップでいろいろな種類やサイズのものを履いて選ぶことが大切です。

もし自分ひとりで選ぶのが不安なら、ショップスタッフやジムのスタッフ、ボルダリング経験者に相談してみてください。

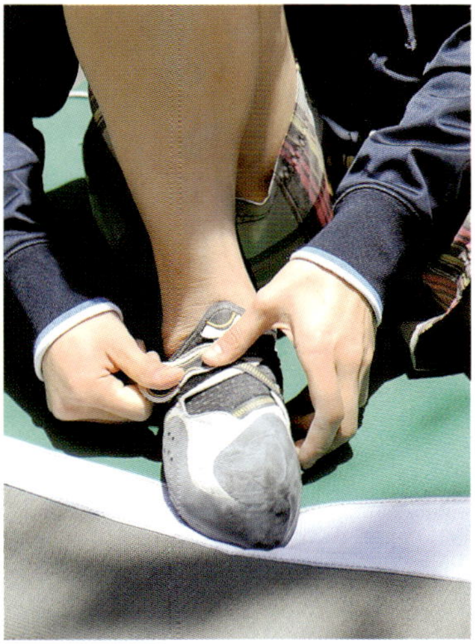

初めての人は、まずレンタルシューズを借りて始めてみましょう

レンタルシューズも実際に履いてみて、少しきつめのものを選ぶようにしましょう。きつさの度合いは、シューズの中で指が少し曲がるくらい（少しつま先が痛いくらい）。履いたらすぐに痛くなるシューズはやめて、「少し痛いけれど、なんとか履いていられる」シューズがベスト。レンタルは、サイズを自由に選ぶことができるので、色々なシューズを試してみることも大切。また、レンタルシューズは沢山の人が履いている可能性があり、シューズの中は蒸れることもあるので、臭いや衛生面を考えて、必ず自前のソックスを用意しておきましょう。

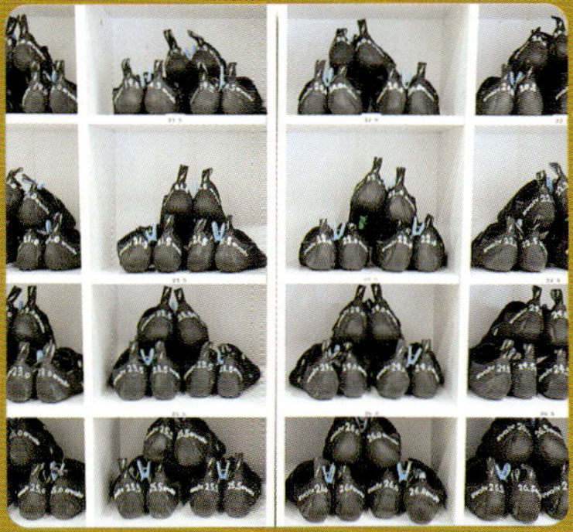

ボルダリング・ギア / ウエア&チョーク&チョークバッグ

動きやすいウエアの他に、チョーク&チョークバックも揃えておこう

クライミングウエアは、伸縮性の高い動きやすいものを選ぶ

上半身はTシャツなどでOKです。男性女性問わず、タンクトップを着ている人も最近は多くなってきました。下半身の服装はジャージなど。クライミング専用のパンツもあります。スソはできれば短いほうがベター。登っている時にスソを踏むと危険なうえ、フットホールドを探す時にも、スソが邪魔になって足元が見にくい場合があります。いずれにしろ、足を高く上げたり腕を大きく伸ばしたりする動きが多いため、上半身も下半身もストレッチ素材を使った伸縮性の高い動きやすいウエアを選ぶことが大切です。

使用ギアは他のスポーツに比べると少ない

ボルダリングは、他のスポーツと違って、使うギアが少ないことからも人気があります。ジムに行く時には、最低限、シューズ、ウエア（上下）、チョークバッグ、タオルなどがあればOKです。かさばるものは無いので、入れていくバッグも、小型のショルダーバッグやデイパックなどで十分。極端なことをいえば、会社帰りにビジネスバッグに忍ばせて、ジムに行くことも可能です。

チョーク&チョークバッグ

チョークは、汗で手がすべることを防止するためにつける白い粉（炭酸マグネシウム）です。チョーク自体にすべり止め効果はなく、手から出る汗をチョークが吸収することで、ホールドから手がすべってしまうことを防いでいます。ボルダリングには必要不可欠なギアで、一般的には、チョークバッグに入れてそれを腰につけます。

チョークバッグは、内側が毛羽立っていて、口がしっかり閉まるものを選びましょう。チョークは、液体タイプ、固形タイプ、ボールタイプ、粉末タイプなどもありますが、ほとんどのジムでは、チョークが舞い飛び空気が汚れるのを防ぐように、液体タイプやガーゼ状の袋にチョークが入ったボールタイプを使用します。

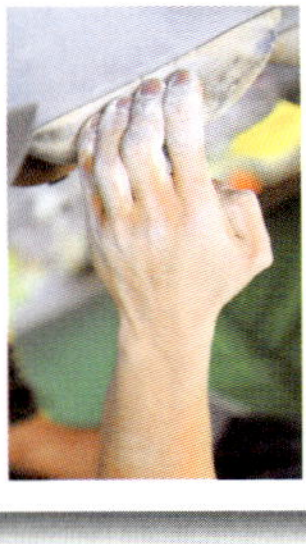

「P24～25を参照」

ジムのルール

安全にボルダリング楽しむためには、ジムの決まりごとを守る

登っている人がいる場合、真下にいては いけません！

ジムでは、まわりの人の動きに注意しましょう。とくに、壁を登っている人がいたら、その下にいるのは大変危険です。どんなレベルの人が登っているかわからないので、あやまって手をすべらせて落下することもあります。登っている人を見る場合は、後方にさがって見ましょう。こうすることで、登っている人も安心して思いきった動きができるようになります。

また、マットを挟んで両側に壁があるジムの場合、両側で同時に登っていることがあるので十分に注意してください。

複数で同じ壁を登らない。一枚の壁にひとりしか登れません！

いくらうまくなったとしても、複数で同じ壁を登ることは止めましょう。下の人が落ちるのだけなら危険ではありませんが、上の人が落ちてきたらどうでしょう。想像しただけでも、誰もがその危険性を判断できると思います。

降りる時は、
マットの境目には注意しましょう！

ジムには、落下した時の安全を確保するためにマットが敷いてあります。ただそのマットは、一枚を敷いているわけではなく、何枚かを並べて敷いています。

そこで注意したいのが、マットとマットの境目。ゴールした後に飛び降りた時やあやまって落下した時に、そのマットの境目に足が入ってしまいケガをすることがあります。マットに降りる時はよく下を見て、この隙間に足が入らないように注意しましょう。

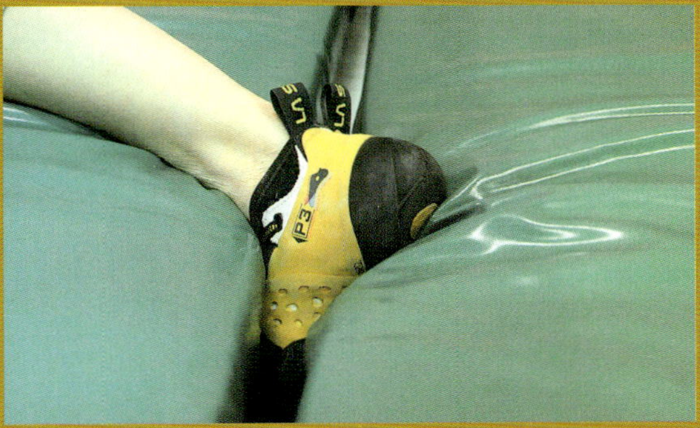

壁はひとりで占有しない。
降りたら次の人に一声かけて速やかに代わる！

ジムの壁はみんなのモノです。ひとりで、長時間占有することはルールに反しています。ゴールできてもできなくても、一度壁から降りたら次に待っている人と速やかに代わりましょう。みんな無造作に並んでいると順番がわかりにくいですが、登る順番の流れを見極めて登るようにしましょう。

また壁から降りたら、次の人に一声かけることも大切です。多くの人が待っている場合は、譲り合いの精神でいきましょう。順番がきたら、「次、登ります！」とまわりの人にしっかりアピールしましょう。

ストレッチ（準備運動）

さまざまな動きに対応するために、全身の柔軟性を高める

前腕内側ストレッチ

前腕部には、指と手首を曲げる筋肉群と伸ばす筋肉群などたくさんの筋肉が複雑にかさなりあっていて、手の巧妙な動きを可能にしています。前腕のストレッチはこれらの筋肉群を緩めて柔軟にする体操です。片方の手を胸の位置まで上げ、ひじを曲げないでまっすぐに前に伸ばし、もう片方の手で伸ばした手の親指以外の4本の指をつかみます。ここから、指先を手前に引き、手首、前腕内側を反らします。

前腕外側ストレッチ

片方の手の平を下にして腕をまっすぐ前に伸ばします。この時、ひじをしっかり伸ばしてください。次に、もう片方の手でまっすぐ伸ばした手の手首を体側に引きます。

この時、手の平全体を使って手首を曲げるようにしてください。強くやると、腱を傷めることがあるので注意しましょう。

座位前腕ストレッチ

床にひざをつけ、指先を体側に向けて手の平を床にぴったりつけ、手首から前腕内側を伸ばします。手の平が床から浮かないよう、体重をゆっくり後ろにかけます。

クロスオーバーツイスト

腹筋や背筋をサポートし、腰をねじったり上体を傾ける時に働く部分のストレッチ。写真のように、座った状態から右足を伸ばし、左足を右足のひざをまたぐように右足の外側に置きます。そして、右のひじを曲がっている左足の外側につけ、上体をゆっくりと左にねじります。これでしっかり腰を伸ばすことができます。ひねりすぎたりすると逆に筋肉を痛めることにもなります。無理しないように自分のペースで必ず左右行なってください。

エルボープル

上半身を安定させる働きがあり、あらゆるスポーツで重要視される筋肉のストレッチ。多方向へ動く肩関節や背部だけでなく、他の筋肉にも効果的です。両腕を上げ、頭の後ろで、右手で左腕のひじをつかみ、そのままひじを下に押します。肩関節の可動範囲を大きくするストレッチです。必ず左右行なってください。

アームプル、ひじ曲げのストレッチ

上腕二頭筋は物を引き寄せる動作や、ひじを曲げる時に作用する部分で、アームプルは腕を前へ持ち上げたり、横に広げる時に使う肩の部分を伸ばすストレッチ。胸の前で片方の手を横に伸ばし、もう一方の腕で抱え込むようにします。抱え込んだ腕を手前に引いていきます。

ストレッチ（準備運動）

さまざまな動きに対応するために、全身の柔軟性を高める

太もも、足首、股関節のストレッチ

股関節を曲げたり、ひざを曲げた状態からまっすぐに伸ばすなど、体の中で強力な筋肉や腱を伸ばすストレッチです。スポーツでの負担が大きく、疲労の蓄積や故障の起こりやすい場所でもあります。

ニーストラドルの（右下参照）状態から、片方の足の大腿部を床につけ、同じほうの手で足先を持ち、かかとを太ももに近づけながらひざを曲げていきます。

太もも、股関節のストレッチ

股関節の動きとひざ関節の屈曲部分のストレッチです。この部分がストレッチされていないと、ひざ痛や腰痛、最悪は肉離れの原因となります。ニーストラドルの状態から、片方の足を両手で抱えるようにして、足を胸に近づけます。そして、片方の腕で足首を抱えたまま、もう片方の手で上げた足のひざをゆっくりと下に押します。

ニーストラドル

太ももの内側にある内転筋や股関節をやわらげ、柔軟性を高めるストレッチです。内転筋は足を内側に閉じる時に使われる筋肉で、骨盤を正しい位置に保つ役割もあります。

両足を開いて座り、ひざを曲げて両足の裏を合わせます。両手で両ひざを床に押しつけるようにして上下させます。

ネックロール

首の筋肉は重さのある頭を支えるので、ストレッチは必ず行ないましょう。ゆっくりと頭で大きく円を描くように首を回し、首の前後や側面の筋肉を伸ばします。首はデリケートな部分なので、力まかせに回すのは逆効果になります。また、片方の手を反対側の頭の側面に当て、ゆっくりと横に引き、首の横の筋肉を伸ばすストレッチも同時にやると効果的です。この時、伸ばしているほうの肩が上がらないようにしましょう。

太ももの裏と背筋

開脚の状態から、片足のひざを曲げます。そして、伸ばしている足側に上半身を倒していきます。片方のひざを曲げているので、より太ももを伸ばすことができます。また、ここからつま先を上げ、そのつま先を手で持つことによりふくらはぎが伸びます。お尻の筋肉も伸びるので、足の運びがスムーズにいきやすくなります。

自分で筋肉が十分に伸びていることを感じたら、それ以上無理することはありません。そのままの状態をキープして、疲れを伴わない程度の時間で気持ちよくストレッチしましょう。

開脚前屈

開脚前屈は自分の限界まで両足を開き、ひざを曲げないように足首を立て、上半身を前へ倒していきます。これによって、股関節や内転筋などを伸ばせます。この時、息を吐きながらゆっくり体を前に倒していきましょう。開脚前屈のストレッチの要領は、ただ日々の鍛錬あるのみですが、無理は禁物です。

とりあえず登り、安全に降りる

ジムの壁というものを知るために、まずは一度登ってみる

ひとつずつホールドを確認しながら ゆっくりとあわてずに登ってみる

ジムの壁を見てみると、いろいろな角度の壁、さまざまな形の壁があると思います。まずは何も考えないで登ってみましょう。選ぶ壁は、ジムの中でも一番傾斜の緩い壁（スラブという垂直より緩やかな壁）や垂壁（垂直の壁）からチャレンジしてみましょう。

最初から前傾している難しい壁を登ってしまうと、簡単に落ちてしまうか、すぐに疲労してしまいます。まずは、ジムの壁というものがどういうものか、体験をかねて登ってみることが大切です。

登る時は、ジムのスタッフからアドバイスしてもらいましょう。シューズを履いて、手にしっかりチョークをつけたら、大きくてつかみやすいホールドを選びながら登ります。最初、上まで登るのが怖い時は、横に移動したりして上まで登れなくてもかまいません。

上に登っていく基本は、腕で登るというより、しっかり足を乗せられる大きくて形のいいホールドを選ぶことです。ひとつずつホールドを確認しながら、ゆっくりとあわてずに登ってみましょう。

上まで登ったら
安全にマットに降りる

上まで登ったら、今度は安全に降りてみましょう。やってはいけないことは、上から一気にマットに飛び降りてしまうこと。これは大変危険です。まずは、降りやすい大きなホールドを選びながら、しっかりホールドに足を置き、ある程度のところまであわてずにゆっくりと降りていきましょう。自分で「飛び降りても大丈夫だな」と思うところまできたら、飛び降りる場所をしっかりと見て、同時に下に人がいないか確認して、足からまっすぐに降りましょう。この時、壁からある程度離れた場所に降りてください。壁から近い場所に着地すると、着地の反動で壁側に体がいってしまうことがあり、壁と激突してしまうことがあります。足からまっすぐに降りないと、前のめりになったり尻もちをついたり、誤って手をついてケガをすることもあるので注意しましょう。ジムのルールで説明したように、マットとマットの境目にはくれぐれも降りないように。ジムによってはジャンプを禁止しているところもあるので、各自で確認してください。

スタートとゴールの仕方

スタート＆ゴールには、指定されたホールドがある

スタートホールドも ゴールホールドも、 両手で持つことが基本

外の岩と違い、ジムの壁のいちばん上には立つことができません。このため、ジムの壁には課題（P38~39）があり、テープでホールドの脇に「スタート」（写真ではSとテープに書かれています）などと書かれたようなスタートホールドが必ずあります。基本的には、この決められたスタートホールドに両手でつかまって、足はどこかのホールドに乗せます。そして体が地面から離れた状態でスタートとなるのが一般的です。写真左下のようにスタートホールドが低い位置に設定してある場合は、かがむかお尻をマットにつけた状態からスタートします。これをシットダウンスタートといいます。また、スタートホールドが高い位置に設定してある場合は、スタンディングスタートといいます。ゴールは、スタートホールドと同じように「ゴール」とテープで書かれたホールドに、両手でつかまることができればOKです。この時、足が宙に浮いていてもかまいません。

課題説明

ジムの壁には、さまざまな課題が設定されている

課題によって「手だけ限定」、「手足限定」と2種類のルールが存在する

ジムの壁には、同じ壁でも「課題を示すテープ」が貼ってあり、いろいろな難易度が設定されています。写真のように、色分けされたテープなどによって難易度が識別できるようになっています。

登る時は、たとえば「黄色の矢印」の課題であれば、黄色のテープに矢印の記号がついたホールドだけを使用して、スタートからゴールまで登れば完登となります。また、テープにはその課題を設定したボルダーの名前が書いてあることもあります。

なお、課題によって、「手だけ限定」、「手足限定」と2種類のルールが存在します。「手だけ限定」の場合はテープの張られたホールドしかつかんではいけませんが、足はそれ以外のどこのホールドを使用しても自由というスタイルです。

「手足限定」は、手も足も同じテープの貼られたホールドだけを使用して登らなければなりません。一般的には、「手足限定」の課題が多いといえるでしょう。ただし、「手だけ限定」、「手足限定」のどちらも、スメアリング（P51参照）といって、ホールド以外の壁面は触ってもかまいません。

COLUMN 1

ワールドカップで世界中を回る野口啓代

ボルダリングの大会は、日本国内はもちろん世界中で開催されています。そして、チャンスがあったら大会にもエントリーしてみましょう

ボルダリング・ジムを中心に練習し楽しんでいるクライマーにとって、コンペ（大会）というのはひとつの大きな目標となるでしょう。自分のやってきたことが、どこまで通用するのか試すいい機会です。ただ一言でコンペといっても、多くの種類があります。

国内の大きな大会といったら、日本フリークライミング協会（JFA）が主催する日本選手権をはじめ、国民体育大会など大きな大会の他に、ボルダリング・ジム単位のコンペも、クラス分けされて多数開催されています。海外ではヨーロッパを中心に、IFSC公認のワールドカップが開催され、08、09と本誌監修の野口啓代がボルダリング年間総合チャンピオンに輝いています。

他に、2年に一度の世界選手権、毎年開催されているアジア選手権、世界ユース選手権、アジアユース選手権などがあります。近頃は、ほとんどのジムで定期的にコンペを開催しているので、もし機会があったら参加してみるのもいいでしょう。実際にコンペに出る時に注意することは、あまり勝ち負けにこだわらないことです。

今の自分のスキルを確認しながら、雰囲気を楽しんだり、同じボルダー仲間とコミュニケーションを図ったり、コンペの世界を楽しむことが大切です。

そして、もっと上を目指すなら、ローカルコンペで実力をつけて、どんどん大きなコンペにチャレンジしてみてください。

コンペの壁には、課題のホルダーのみが設置されている

ヨーロッパでは、クライミングはメジャーなスポーツ

PART 2
基本テクニック
ハンド&フットホールドとホールディング

ハンドホールド&ホールディング 1

人工ホールドの場合は、ほとんど持ち方が決まってくる

カチ

別名クリンプと呼ぶ持ち方。小さいホールドは、親指以外の第一関節を曲げて指をホールドに立てるように反らせて置き、親指は人差し指の横にそえます。使える場面が多いホールディングですが、指が痛くなりやすい持ち方で負担も大きいので、使い過ぎには注意したほうがいいでしょう。

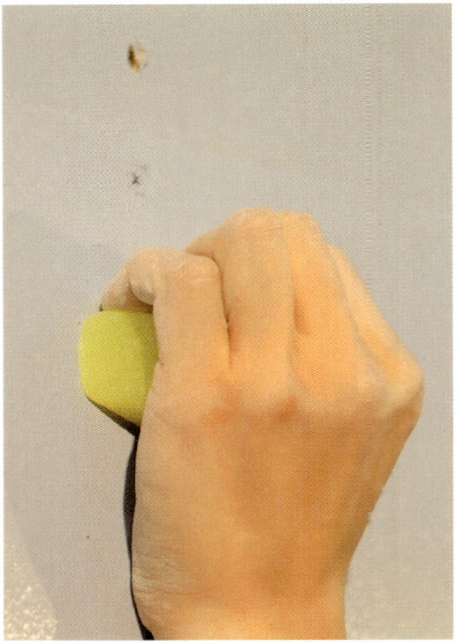

オープンハンド

ホールドと手の摩擦を利用して持ちます。指の第一関節の部分をホールドに引っかけてぶら下がるようにしながら、第二間接は伸ばしてホールドと手の摩擦を利用して持ちます。カチとは異なり、力はさほど必要としません。

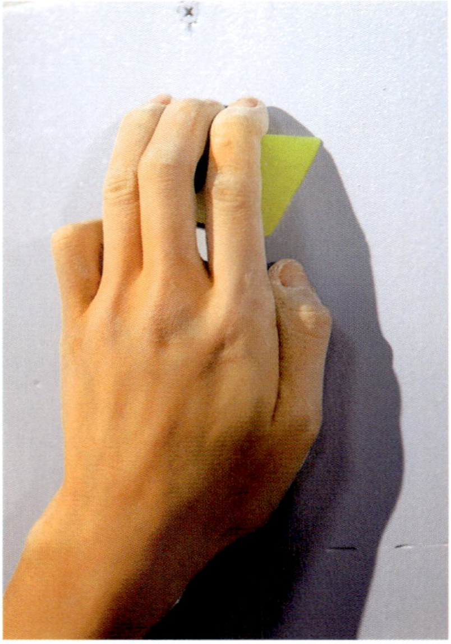

ラップ

　出っぱったようなホールドによく使う持ち方。手の平と指全体を使ってホールドを包み込むように持ちます。親指はホールドの形状に合わせて、上から押さえたり、下から握るようにします。比較的持ちやすく、力を温存できます。

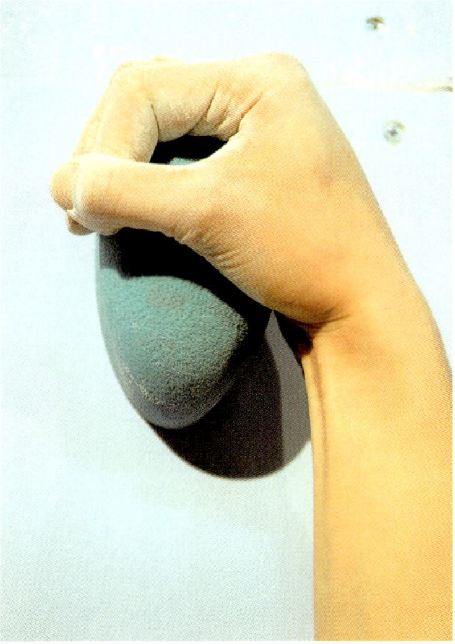

アンダークリング

　下向きのホールドを持つ場合は、手の平を上側に向けてホールドを持ちます。

　高い位置にある下向きのホールドを持ったら、早めに足の位置を上げます。腰の位置をアンダークリングの近くに持ってくると、体が安定するはずです。

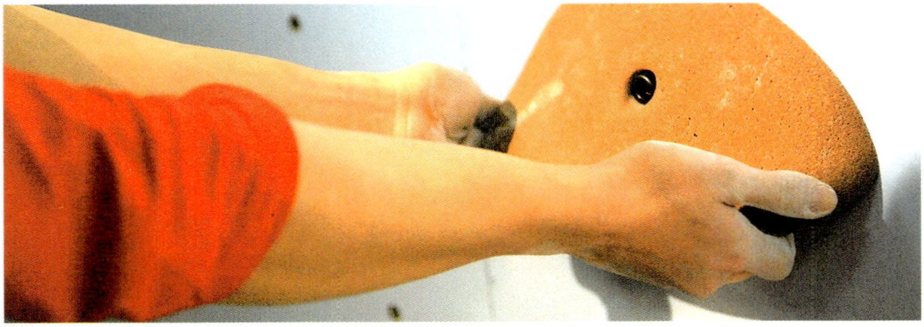

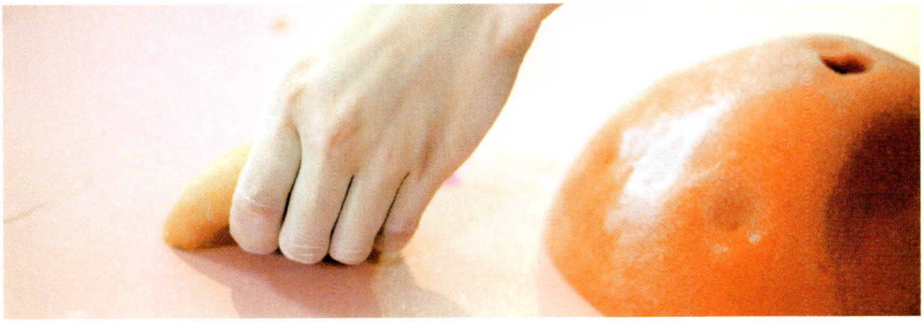

ハンドホールド&ホールディング 2

確実に登るには、ホールドの形を見極めることが大切

バーミング

手より大きく、指を引っかけたりできないような持ちどころのない丸みを帯びたホールドは、手の平全体をホールドに押しつけるようにして持ちます。指を曲げてつかもうとするより、手の平全体の摩擦を感じるように意識するとうまくいきます。

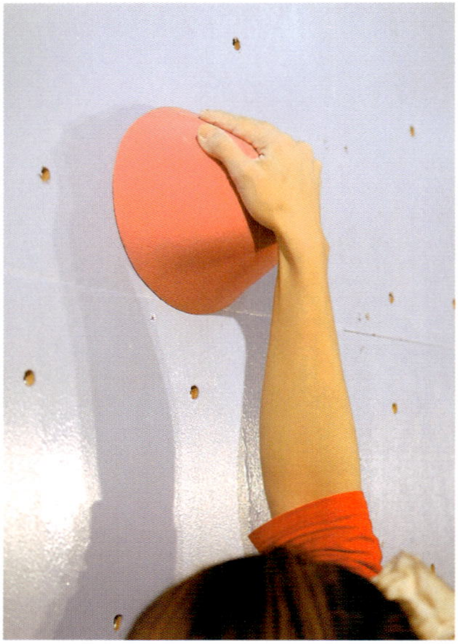

ピンチグリップ

ピンチグリップはつまむという意からついた持ち方。親指と他の指でホールドを挟むようにして持つといいでしょう。人工壁でのホールドの多くは、このピンチグリップで持つことができます。

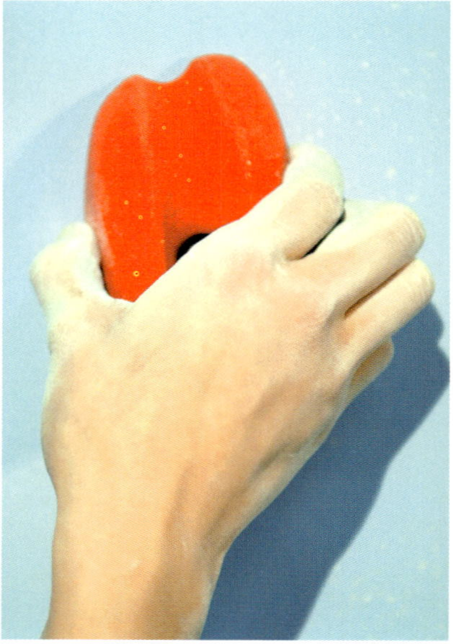

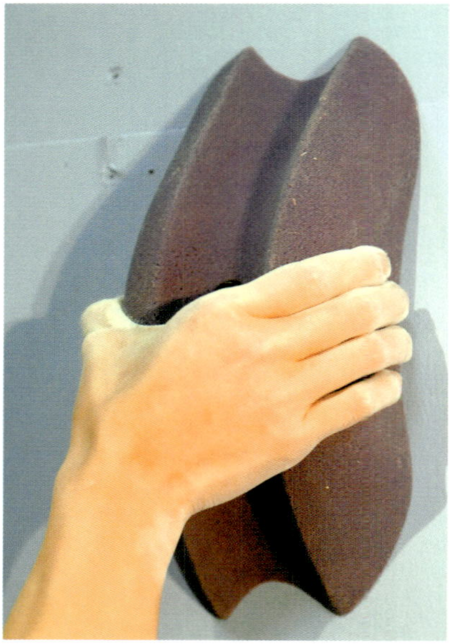

ジャミング

割れ目の入った大きいホールドに、手をくさびのように使う方法。割れ目に手全体を開いて入れたり、指をつぼめて入れたり、こぶしの形を作ったりなどしてホールドします。

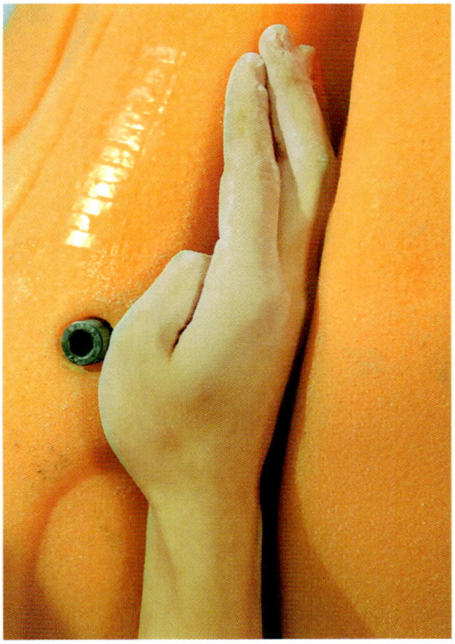

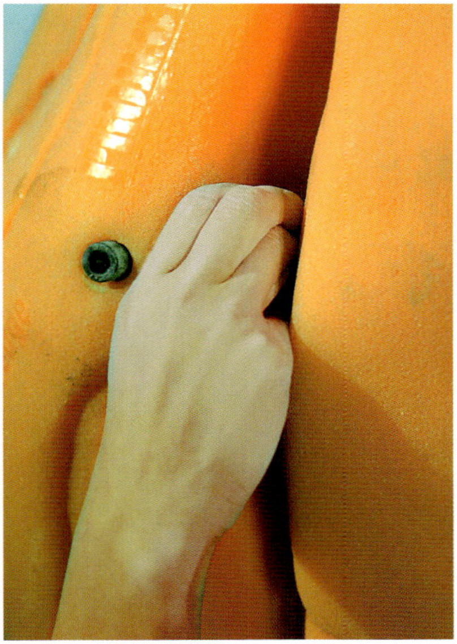

ガストン

ひじを上げて親指が下向きになるようなつかみ方。自分に対して腕を開くような角度（観音開きのよう）にある長めのホールド（縦ホールド）の時に使い、体と力の入る方向が逆になります。名前の由来は、名クライマーの「ガストン・レビュファ」がクラックの登はんで考案し、紹介したからとされています。

ホールドを設置するボルトの穴に指を入れない

ジムの壁をよく見ると、ホールドを取りつけるためにボルトの穴が、数多くあるのが分かるはずです。この穴には、決して指などを入れて、登ってはいけません。つかみにくいホールドで腕がつらくなると、どうしても穴に指を突っ込みたくなります。ボルトの穴に指を入れると抜けなくなる恐れがあるので、つらくても入れないように注意しましょう。指を入れたと同時に、落下したらとても危険です

ハンドホールド&ホールディング 3

ホールドにはいろいろな形や向きがあり、それぞれ効果的な持ち方がある

ポケット

穴状のホールドに指を引っかけるグリップ。人差し指と中指をメインに使ったほうが支持力はアップしますが、なるべく多くの指を使用したほうが安定します。指を1本だけ使うワンフィンガーは、指の負担も大きくリスキーなので注意しましょう。体を持ち上げる時は手だけを使うのではなく、上半身の筋肉を使うとうまくいきます。

ガバ

上を向いているようなホールドを、手のひらを使って「ガバッ」と持つような方法。ガバを使えるホールドは、クライミング初心者にとって、大きくて「カバッ」と持ちやすいです。

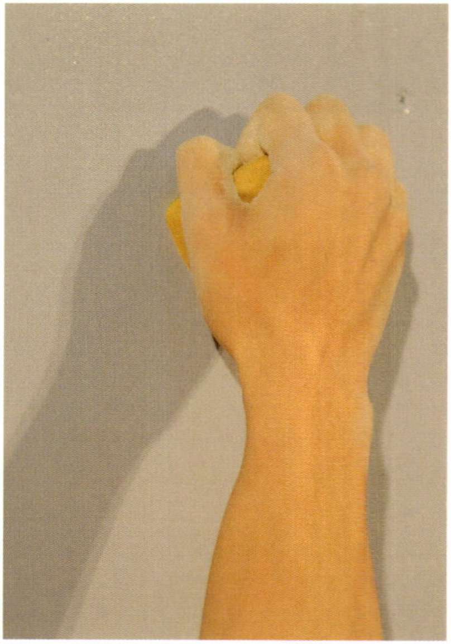

サイドプル

縦ホールドを保持するホールディングの方法。体の方向を横向きに引きつけながら保持します。ぶら下がる感じではなく、横方向に引っぱることで安定します。

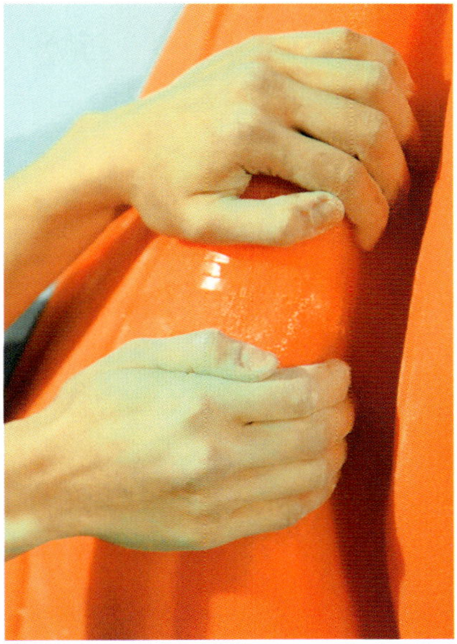

カンテ

壁の状況によっては、ホールドを持つのではなく、壁の角を使うこともあります。引っかかりがないので、高度な技術といえるでしょう。

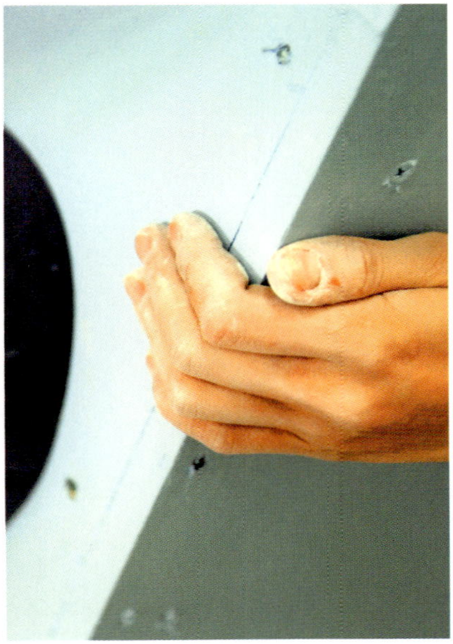

フットホールド&フットワーク 1

足のパワーを効果的に使えるフッワークを覚えることが大切

ポケット

ポケットにつま先が入るホールドは、つま先を入れることで左右に動かないよう体を固定することができます。つま先が上手くかからない場合や、可動範囲を大きく取りたい場合は、上に足を置くといいでしょう。

ヒールフック

ホールドにかかとを引っかけたり乗せたりするようにします。ホールドが高い位置にあり、シューズの底を乗せることが難しい場合でも、かかとさえホールドに届けばフックできます。ひざを外側に向けてフックすると安定します。

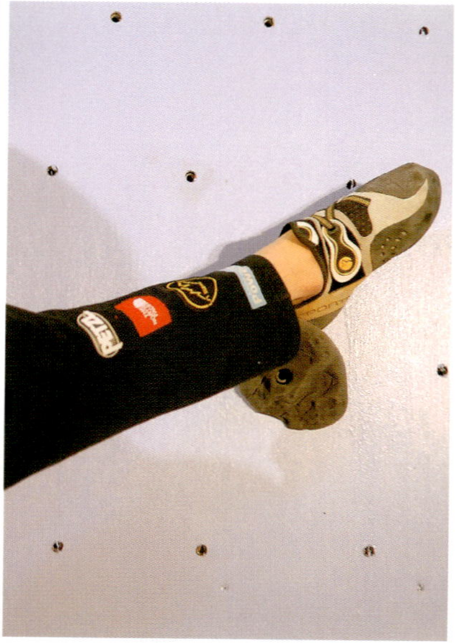

トウフック

傾斜の大きい壁や外岩で、体が振られるのを防ぐために、つま先をホールドに引っかける方法。足首を使ってつま先部分をすねのほうに押し上げるような感じでフックしてみましょう。

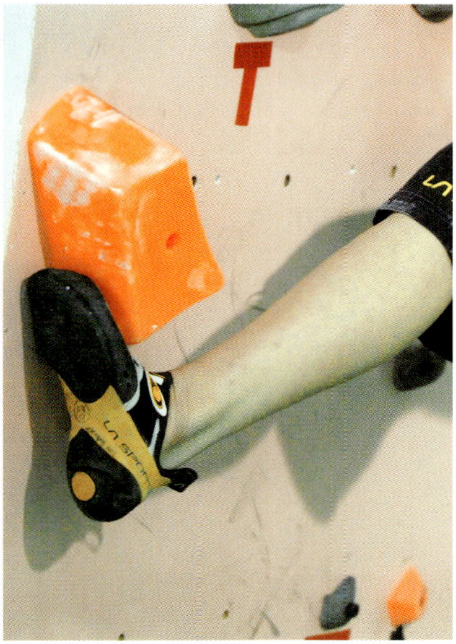

ヒールトウ

ホールドがふたつ縦方向に並んでいて、そのホールドにつま先部分とかかと部分を挟み込むように固定する方法。かかとはホールドに押しつけるようにしながら、つま先部分をホールドに引っかけるようにします。

フットホールド&フットワーク 2

足を上手に使って、なるべく手の負担を少なくしよう

フロントエッジ

基本的な足の置き方。坂を登る時のようにつま先を使って、ホールドの上に足を置きます。いわゆる「つま先立ち」です。

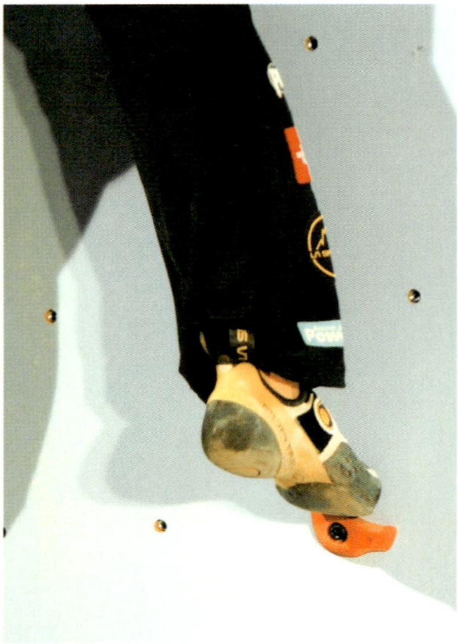

インサイドエッジ

親指の側面を壁にあてるようにして、シューズのつま先内側の角をホールドに置く方法。体重は足のつけ根に置き、かかとを上げると力がより入りやすくなります。クライミングにおいてもっとも多用される足の置き方です。

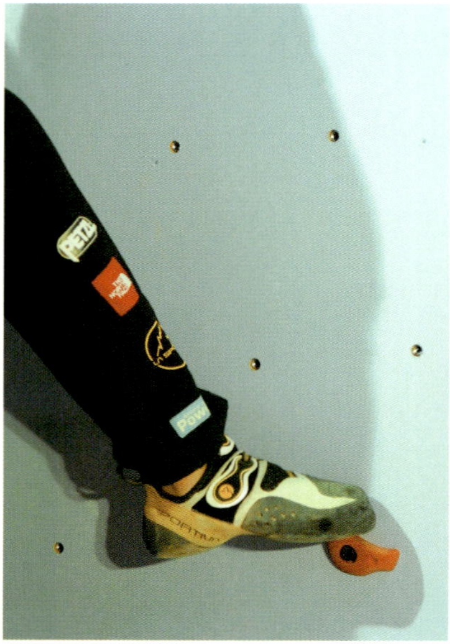

アウトサイドエッジ

　小指の側面を壁にあてるようにして、シューズの小指側の角をホールドに置く方法。腰の側面を壁につける、ツイストムーブなどで有効なスタンスです。足の指でホールドをつかむように意識するといいでしょう。

スメアリング

　シューズのソールを壁や外岩に押しつけるようにして、摩擦力を最大限に生かして立つテクニックです。そのためソールの面積をたくさんホールドに押しつけると効果が大きくなります。また、かかとを上げて、ソールを押しつけるように足を置くとすべりにくくなります。
　インサイドエッジやアウトサイドエッジを使っても立つことのできない、のっぺりとしたホールドや、凸の少ない壁を登る場合に使います。

フットホールド&フットワーク 3

足は手に比べて高いパワーを持っているので、効果的に使おう

ステミング

凸状になっている壁などで、両足を開いて壁を突っ張り体を固定します。バランスよく足を張れると、手を離しても落ちません。ただし、これをやるには柔軟性が必要となります。

挟み込み

トウフックの応用技術。大きめのホールドを、下からトウフックで押さえつけ、上からはソールで押さえつけるようにします。両足でホールドを挟み込むテクニックです。

ニーバー

　ひざから下の足をホールドとホールドの間に入れて、つま先で壁を突っ張って姿勢を安定させます。バランスよく足を張れれば、手を離しても落ちなくなります。

ヒール側で乗る

　インサイドエッジング、アウトサイドエッジングが主体ですが、ひざの可動範囲を大きくして次のホールドを取りやすくするために、かかとをホールドに乗せる場合があります。ホールド上で、ひざとかかとがまっすぐになるので、力が入りやすく安定します。

COLUMN 2

ホールドは、「どの方向につかめば効果的に力が働くか」ということを見極める

ジムの壁を見ると、そこに設置されているホールドには、さまざまな形や大きさ、カラーがあることがわかるはずです。ただその形や大きさは、適当に作られているわけではなく、さまざまなつかみ方や効果的なつかみ方ができるように、しっかりと考えられて作られています。ボルダリングがうまくなるには、このさまざまな形や大きさを理解して、「どの方向につかめば効果的に力が働くか」ということを見極めることが大切です。

ガバホールドだったら、「下方向に引くホールドなので、登るに従ってホールドが効かなくなる。だから、下に引く体勢を維持する」とか、上に引くアンダーホールドだったら、「足を踏ん張って上に引く力を作る」とか、そのホールドの形を理解してつかむことが大切です。たとえば、写真左上のアンダーホールドでしたら、上から押さえ込むようにつかんでも、うまく力が働きません。また、写真右上のようにサイドに引くことで力が働くような横にエッジ（溝）がついているホールドなら、サイドプルというホールディング方法を使ったほうがいいでしょう。どのホールドでどのつかみ方をすればより効果的なのかは、登っている時に何度もそのホールドをつかむことで、覚えていくことが大切です。失敗は成功の元です。

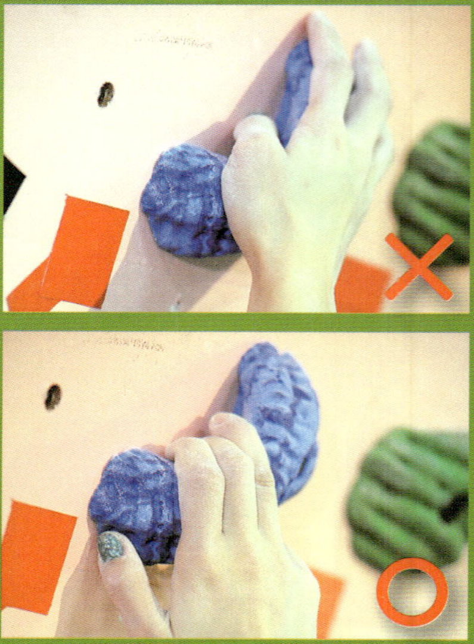

ホールドの形をよく観察して、どの方向にいちばん効率よく力が働くかを覚えておきましょう。×のように、しっかりホールドできるエッジがあるのに、それを使わないとうまくつかめないか、うまくつかめたとしても余計な力を使ってしまいます

PART 3
基本的な動き

安全に楽しく登るためには、基本的な動きを覚える

カウンターバランス /3点支持

片足をリラックスさせたような状態でバランスをとる

右足と左手で全体を保持しています。より安定させるために右手のホールドをひきつけバランスを保ちます。ホールドにかかっていない左足は横に伸ばした右腕の延長線上に置くと安定します
POINT

対角線荷重による バランス保持が クライミングの基本

たとえば、地面に右足だけで立ち、右手を水平に思いきり遠くに伸ばそうとしたら、浮いている左足を水平に上げるとバランスがとれると思います。これがカウンターバランスです。体操競技の床運動のバランスでも、この動きはよく見られます。つまりカウンターバランスとは、体のある部分が動くと、バランスを維持するために他の部分でそれをサポートしたり、他の部分を反対方向に動かしたりすることなのです。このカウンターバランスは3点支持と呼ばれ、クライミングには必要不

対角関係にある手と足が一直線になるように意識しましょう
POINT

可欠です。初級者がもっとも陥りやすい失敗の原因に、力まかせに登っていくことがあげられます。力はできるだけ温存しながら登りたいものです。

それを可能にするためには、手や足を伸ばして壁に押し当て、3点支持を使い、力まかせに姿勢を保たないようにします。高難度のクライミングになればなるほど、このカウンターバランスを多用することで微妙なバランスの保持を可能にし、無駄な体力の消耗を防ぐことができるのです。

ココをチェック!!

もし、ハンドホールドが右手でフットホールドが左手だったら、手と足を結ぶ線が対角関係ではなくなり一直線の2点支持になります。そうすると、写真のように体は自然に回転してしまいます。クライミングは対角線荷重を最大限利用したカウンターバランスが基本となるのです

手足を交互に出して登る

ハシゴを登る時のように、足→手→足→手 の順番に出すのが基本

足の力を効果的に使い、手は支えるために使うのが基本

壁を登るには、足を出したら手を出し、そしてまた足を出したら手を出す、という順番が基本です。ハシゴを登る時に、左手を出したい時は、左足を持ち上げ、右手を出したい時は、右足を持ち上げることをイメージしたらわかりやすいでしょう。

多くの人は、このように「足→手→足→手」の順番でハシゴを登ると思いますが、このハシゴの登り方がボルダリングにおける基本になります。ハシゴを登っている時には、手はハシゴから体が離れて下に落ちないように支えているだけで、ほとんどは足の力をメインに使って登っています。ボルダリングの基本的な登り方も同じ。手は体を支えるために使い、足の力を効果的に使って登ります。このハシゴを登る時には、手足のいずれか3ヶ所で体を支えていますが、これがP56~57の「3点支持」なのです。いつも両手両足のいずれかひとつをフリーの状態にでき、それをバランスをとるために使うことができます。だから、この「3点支持」が基本中の基本となります。

ひじを柔軟に使って腕をできるだけ伸ばす

ひじを曲げ壁にしがみついてしまうと、次の動きがやりにくくなる

ひじを伸ばして保持力を保ち視界を広くして次の動作をスムーズに

壁をスムーズに登るには、できるだけひじを柔軟に使って腕を伸ばすことが大切です。たとえば、鉄棒でひじを曲げてそのままぶら下がった場合と、ひじを伸ばして腕をまっすぐにしてぶら下がった場合では、どちらが長くぶら下がっていられるでしょうか？　もちろん、腕をまっすぐにしたほうです。

ひじを曲げていると、腕全体の持久力と筋力が低下して保持力が低下してしまいます。これと同じように、ボルダリング初級者が陥りやすいのが、ホールドをつかむと同時にひじを曲げて壁にしがみついてしまい、足を突っ張ってしまうことです。壁から離れるのが怖い

ためにﾞ、ホールドにしがみついてしまい、このような状態になってしまいます。壁に体が接近してしまうと、足の可動範囲が限られてしまうのと同時に、目でホールドを探すのも大変になり、身動きがとれなくなってしまいます。腕を伸ばすことで視界も広くなり、体と壁の間にスペースができるので、次の動作がしやすくなります。しかも腕を伸ばすと重心が足に落ち、足の力を使って楽に登ることができる点も見逃せません。

ココをチェック!!

最初のうちは、どうしても壁を登ることに集中しすぎて壁にしがみついてしまいます。ですが、思い切ってその状態から腰を落として腕を伸ばしてみましょう。そこから、足を持ち上げて登り始めると、楽に登ることができます

腕に集中してしまい、足を大きく動かせない

腕を伸ばしながら余裕をもって登ることができれば、足元を見ることができる

腕を伸ばして登ればクライミングにリズムが生まれる

壁から離れることが怖くなりホールドにしがみついてしまうと、ひじが曲がってしまい、壁と体が接近してしまいます。こうなると腕で体を支えなければならなくなるので腕の動きばかりに集中し、足の動きに気がまわらなくなってしまいます。

また、ボルダリングジムの課題（P38～39で解説）では使用するホールドが決められているため、どうしても目の前にある課題ホールドばかりに目がいき、足の動きがおろそかになりがちです。

壁を登るときは腕を伸ばすことも意識してみましょう。腕を伸ばしながら登ることができれば、足元を見ることができるようになるので、大きく足を動かすことができ、ホールドを探すことも楽になります。

体重をしっかりホールドに乗せることができるようになるので、次のホールドをスムーズにつかみにいくことができます。

ココをチェック!!

壁と体の間に大きなスペースを作ることが大切。体が壁にくっついてしまうと、体全体の可動範囲が狭くなります。腕は目の近くにあるので、ある程度動かすことができますが、足の可動範囲は極端に悪くなり、思ったホールドに足を運べなくなります

つま先でホールドに立つ

つま先を使うことができれば、足の可動域は広がる

足の可動範囲を大きくし、腕の負担を減らして楽に登る

登ることに慣れないうちは、壁にとりついたまま身動きがとれません。そこで、足を大きくスムーズに動かせる方法として、つま先を使って登ってみましょう。ボルダリングは、つま先でホールドに立って登っていくことが基本です。足は、親指の位置あたりがもっとも力の入るところなので、最初のうちはここを中心にホールドに置くと、体を安定させながら効果的に力を入れることができます。また、つま先を使うメリットは、ホールドに置いた足の足首を動かせること。

つまり、かかとの向きを変えることができるので、可

動域がかなり広がってきます。初心者は、足の内側をべったりと壁につけたり、土踏まずをホールドに置いたりしてしまいますが、これでは、足の可動域が狭くなってしまいます。上達するためにつねに意識したいのは、足の置き方です。

壁から体を離して、足のホールドを確認して確実につま先で乗ることができれば、今までとは比べものにならないほどスムーズに登れるはずです。つま先を使えないと、いつまでも手の力に頼って登ってしまい、結果、腕が疲れてしまいます。

ココをチェック!!

腕を自由に伸ばすことができれば、つま先に乗ることができます。壁と体の間にスペースを作る上でも、つま先を使って登ることが大切です。しかも、つま先に乗ることができれば、足の曲げ伸ばしもスムーズにいくので、下半身の動きも大きくすることができます

体と壁のスペースを使う

手を出す時には体を壁に引きつけ、足を出す時には壁から離れる

遠くのホールドをつかむために、体を壁に引きつける

前項では、腕が曲がり壁に張りついて登ると、手に余分な力が入り疲れやすくなってしまいます。だから「体と壁の間にスペースを空ける」ということを解説しました。ですが、正確にいうと「ボルダリングは、体と壁のスペースを上手く使って登る」ことにあります。登っている時の姿勢は、極力腕が伸びて体の前にスペースがある状態がベストと言えるでしょう。

しかしこの状態だけを意識してしまうと、時には手が届かないホールドが出てきます。その時には、壁に体をくっつける動きが必要になってきます。足を上げる時には、腕を伸ばして体と壁の間にスペースを作ることで、足をスムーズに動かすことができるようになります。しかし、手を上げて上のホールドをとる時には、腕の力を使って体を壁に引きつけます。壁と体が近づくことで、折れていた腰がまっすぐになり、より遠くのホールドに手を伸ばすことができるようになります。「足を上げる時は壁から離れ、手を出す時には壁に近づく」という動作を繰り返しながら登ってみましょう。

ココをチェック!!

体を壁に引きつけないと、上のホールドには手が届きません。しかも、腕を伸ばしたままホールドをとりにいくと、時には体が回転して壁からどんどん体が離れていきます。足を上げる時に体が壁に近いと、ヒザを壁にそうように使うことしかできません。スペースがあれば、足を体の上まで使うことができます

正対ムーブと重心移動 /PART 1

体の正面を壁にまっすぐ向けて登る動きが正対ムーブ

ひじで体を引きつけながら、一気に右足に重心を移動しましょう。この時、左足を伸ばして腰を持ち上げることを意識することが大切
POINT

正対ムーブで体のねじれをなくして無理なくホールドをつかむ

ここでムーブという言葉が出てきましたので、簡単に説明しておきましょう。ムーブとは、次のホールドをとりにいく動きのことです。ムーブには、ダイナミックでかっこよく派手なものもありますが、基本的には登るごとに必ず必要になってくる動きです。これをマスターできればボルダリングの楽しさが飛躍的にアップします。ボルダリング初心者が誰でも最初にぶつかることに、「見た目の感覚ではもうちょっとでホールドに届くのだけれど、指の先しかホールドに触れない。腕を目一杯伸ばしているのに、どうすればつかめるのだろう？」という状況があります。そこでホールドを蹴るなどして勢いをつけて、無理矢理にホールドをとりにいって

右足のかかとにお尻を乗
せるように、重心を移動
するとうまくいきます。
体が安定してからつかみ
にいきましょう
POINT

落ちてしまうことが多いはずです。これを解消する基本の登り方が、体の正面を壁にまっすぐ向けて登る「正対ムーブ」です。赤ちゃんが、両手両足を上手く使って、ハイハイしながら床を進む動きをイメージしてもらえばわかりやすいでしょう。そしてこの正対ムーブに必要なのが、ホールドをとりにいく方向の足に重心を移動するという動きです。簡単にいえば「次のホールドをとりにいく手と同じ側の足に重心を移動する」ということなのです。

ココをチェック!!

見た目の感覚ではもうちょっとでホールドに届くのだけれど、指の先しかホールドに触れない。腕を目一杯伸ばしているのに、どうすればつかめるのだろう？

正対ムーブと重心移動 /PART 2

とりにいく手と同じ側の足に重心を移動させることで、上体を上げる

ゆっくり滑らかな重心移動が、安定した正対ムーブにつながる

正対ムーブでの重心移動は比較的簡単です。たとえば、写真のように右手でホールドをとりにいきたいなら、右足に乗り込むように重心を移動させながら、そのまま体をゆっくり右足に乗せるように持ち上げます。この時、重心が残っていない左足は壁に沿わせると正対は安定します。

しっかりと右足に重心を移動することができたら、ゆっくりと右手でホールドをとりにいってください。こうすることで体の位置が上がり、ホールドがとれるようになります。右足に乗り込む前にホールドをとりにいってしまうと、重心が不安定になりバランスを崩してしまうので注意しましょう。

それでも届かないホールドの場合は、とりにいく手と同じ側の足を、今乗っているホールドより高い位置にあるホールドに乗せていきましょう。次に、先ほどよりひざをしっかり曲げ、一気にそのホールドに乗り込むようにしながら、重心を足に移動しましょう。そして、完全に重心が移動できたら、ゆっくりホールドをつかみ

にいきましょう。ここでも、反対側の足は壁に沿わせていると安定します。正対ムーブでの重心移動のポイントは、「取りにいく手と同じ側の足に重心を移動する」と前のページで説明しましたが、必ずしもそうでない場合があります。それは、取りにいく手と逆側の足を、体を持ち上げられる別のホールドに乗せられる場合です。無理に手と同じ側の足を動かす必要はありません。逆側の足で体を上に持ち上げ、次のホールドを手でとれるならば、それでも問題はありません。

ココをチェック!!

右足にしっかり重心を移動できないと、左足に体重が残ってしまい、体の位置を高くすることができません。重心の移動がわかりにくいようなら、腰を右足のホールド上にもってくるように意識するといいでしょう。そうすることで、体の軸が安定してバランスよくホールドに乗り込むことができます

腰のひねりを使ったムーブ

つま先でホールドに乗り、かかとの向きを変える

かかとの向きを変えて、進みたい方向への可動範囲を大きくする。

壁に対して体を平行にして登る正対ムーブと相対するムーブが、腰をひねりながら登るムーブです。体を回転させて登るムーブとイメージしてもいいでしょう。腰のひねりを加えると、より遠くのホールドをとりやすくなります。写真のように、右の高い位置にあるホールドを右手でとろうとした場合、正対ムーブで重心移動ができるホールドがあればいいですが、そのようなホールドがありません。そこで、右足のホールドに体重を移し、かかとを右に向けながら、同時に腰を右にひねり(回転させ)ます。こうすることで体の軸を右側に移動することができ、右側の可動域が広くなり、より遠くまで手を伸ばすことができるのです。また、かかとの向きを変えるイメージができないようなら、右足のひざを左方向へ向けながら右の太もも外側を壁につけるようにして、腰をひねるといいでしょう。この時大切なのは、しっかりとつま先でホールドに乗っていること。土踏まずなどでホールドに乗ってしまっていると、かかとの向きを変えられなくなってしまいます。

ココをチェック!!

写真のように、右側のホールドをとりにいく場合、とくに右足のかかとの向きを変えないと、腰の位置も変わりません。かかとの向きを変えて、腰を少しでもとりにいくホールドに近づけましょう

手の持ち替えと足の乗せ替え

両手もしくは両足でしっかりホールドできたら、慌てないことが大切

手の持ち替え

壁を登っていると、片方の手で持っているホールドを、もう一方の手に持ち替えなければならないことが出てきます。

そんな時に使うのが手の持ち替え。写真のような大きなホールドの場合は、両手でしっかりホールドをつかんだら、片方の手を離せばOKです。しかし、もしホールドが小さい場合は、つかもうとする手で離す手を少しずつ追いやる感じで持ち替えましょう。また最初からホールドを持ち替えることがわかっているなら、もう一方の手でつかめるスペースを作っておくと、持ち替えがスムーズにいきます。いずれにしろ、しっかり両手でホールドをつかんだら、慌てずにひとつひとつの動きを確実にやることが大切です。

小さいホールドの場合は、指で引っかけるようにホールドをもつことが大切です。指に力を入れ過ぎるとすぐに疲れてしまうので、指は引っかけると意識しましょう

足の乗せ替え

横方向にあるホールドに届かない場合、足の乗せ替えを使って細かく横に移動することが大切です。たとえば写真のように、左右の手と右足でホールドをキープして体を支え、左足をフリーにします。その左足のつま先をゆっくりと右足が置いてあるホールドに乗せていきます。しっかりと左足が乗ったら重心を左足に移します。そうしたら、今度はフリーになった右足を右のホールドへと移動させます。こうすると右方向の届かなかったホールドがとりやすくなります。思い切り足を開いて横に移動する方法もありますが、大きく足を広げると体が伸びきってしまい、踏ん張りも効かず、身動きがとれなくなってしまいます。

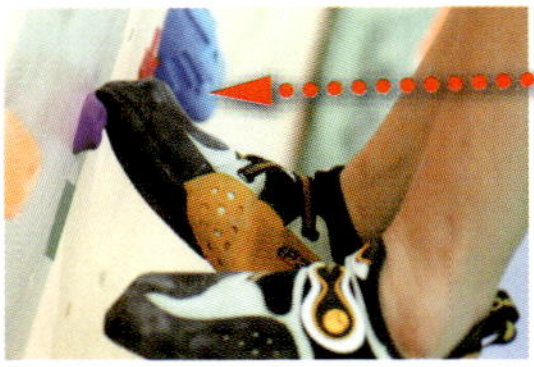

小さいホールドに足を置いていると、乗せ替えが難しいと思うかも知れません。しかし、しっかりとつま先で乗り、慌てないで足を動かせば、スムーズに足を入れかえることができます

クロスムーブ

手をクロスさせた後の、体を返すムーブは必ず覚えておこう

クロスしている間は不安定、下半身でしっかり体を安定させる

次のハンドホールドをとりにいく動作で、腕が交差する動作をクロスと呼びます。ホールドの持ち替えをやらず、保持している手の上や下から片方の腕を交差させて、次のホールドをとる動きです。体の前で腕を交差するのが基本。横や斜め上に進む場合で、適当なホールドがない時や、持ち替えなしで次のホールドをとりにいく方法として用いられます。腕を交差させるのは自然な動作ではないので、この動作をスムーズにするために、途中で体を返すムーブが必要になります。

写真のように、右腕と左腕をクロスさせて右手で左側のホールドをつかんだら、右足を軸にして体を回し、左方向を向くようにします。体が完全に左に向いたら、右足に中心に重心を置いて体を安定させます。ここからが、体を返すムーブ。両手両足はそのままに、かかとを左方向に向けながら腰を使って体をひねり、正対の状態に体勢を変えていきます。この体を返すムーブは、様々な場面で遭遇するので、一連の動作を設定して何度も繰り返して体に覚えさせておくことが大切です。

ココをチェック!!

足の乗せ替えは、横へのムーブに必要ですが、もうひとつ覚えておきたいのが、足のクロスです。片方の足にしっかり重心を移動したら、もう一方の足をホールドから離し、ホールドしている足と壁の間を通して次のホールドに足を乗せます。足をクロスさせることで、届かなかったホールに乗ることができるムーブです

横へのムーブ

動きをスムーズにするために、横へ動いてみよう

リズミカルで美しい動きを身につける

課題に挑戦している間も、さまざまなムーブを行なうことで必要なスキルは身につきます。しかし、制限された条件の中だけでは、テクニックを熟練させせることは難しいでしょう。課題は、慣れてくればすぐにゴールまで到達してしまい、練習になる時間が短くなってしまうからです。そこで、横へのムーブは長時間壁にとどまることできるために、練習したいムーブを繰り返し行なうことができます。

また、上へ登るわけではないので、つねに高さを低く保てます。高さを感じないことで安心して練習ができます。自分が苦手なムーブや、よりスムーズに行ないたいムーブを繰り返すことで、リズミカルで無駄のない、美しい動きが自然と身につくでしょう。ただし、ジムに人が多い場合、壁を長時間独占することは迷惑となるので、状況に応じて行なうようにしましょう。

COLUMN 3

160度の壁
これ以上前傾させると、
あまり面白くなくなる

今回、撮影協力してもらった
ロッキー品川店のオリジナル
球体壁

110度の壁
薄かぶりと呼ばれる。P102
～109の初級課題で使用

スラブ
垂直より寝た壁で、通常、初
心者はこの壁から始める

ジムには、いろいろな種類の壁がある。中には、そのジムにしかないオリジナルの壁があるので、積極的にチャレンジしよう

ボルダリングは、自分の手と足のみを使って登るというシンプルなスポーツですが、老若男女問わず幅広い層の愛好者を持つ生涯スポーツとして注目を集めています。

その魅力はなんといっても、人工的な壁を自由に登る楽しさです。ジムには、垂壁（90度の垂直な壁）をベースとして、それよりも角度がない壁から角度があって前傾している壁、また特殊な形をした壁など、そのジムのオリジナリティに富んだ壁が存在しています。

ただ、壁の角度で難易度が設定されているとは思わないでください。すでに説明したとおり、それぞれの壁にはグレードづけされた課題ルートが設定されています。角度がない壁も、課題を難しくすればグレードは上がります。逆に前傾した壁などは、一見難しそうに見えますが、課題によってグレードをさまざまに設定することができます。

せっかくジムで練習するのですから、見た目だけで壁を選ばないでください。好きな壁ばかりで練習していたら、いつまでたってもスキルアップしません。

長もの。通常の壁と異なり、迂回しながら手や足、体の動き練習する壁。P100のウォーミングアップなどで使用

135度の壁
かぶりと呼ばれる。P110～117の中級課題で使用

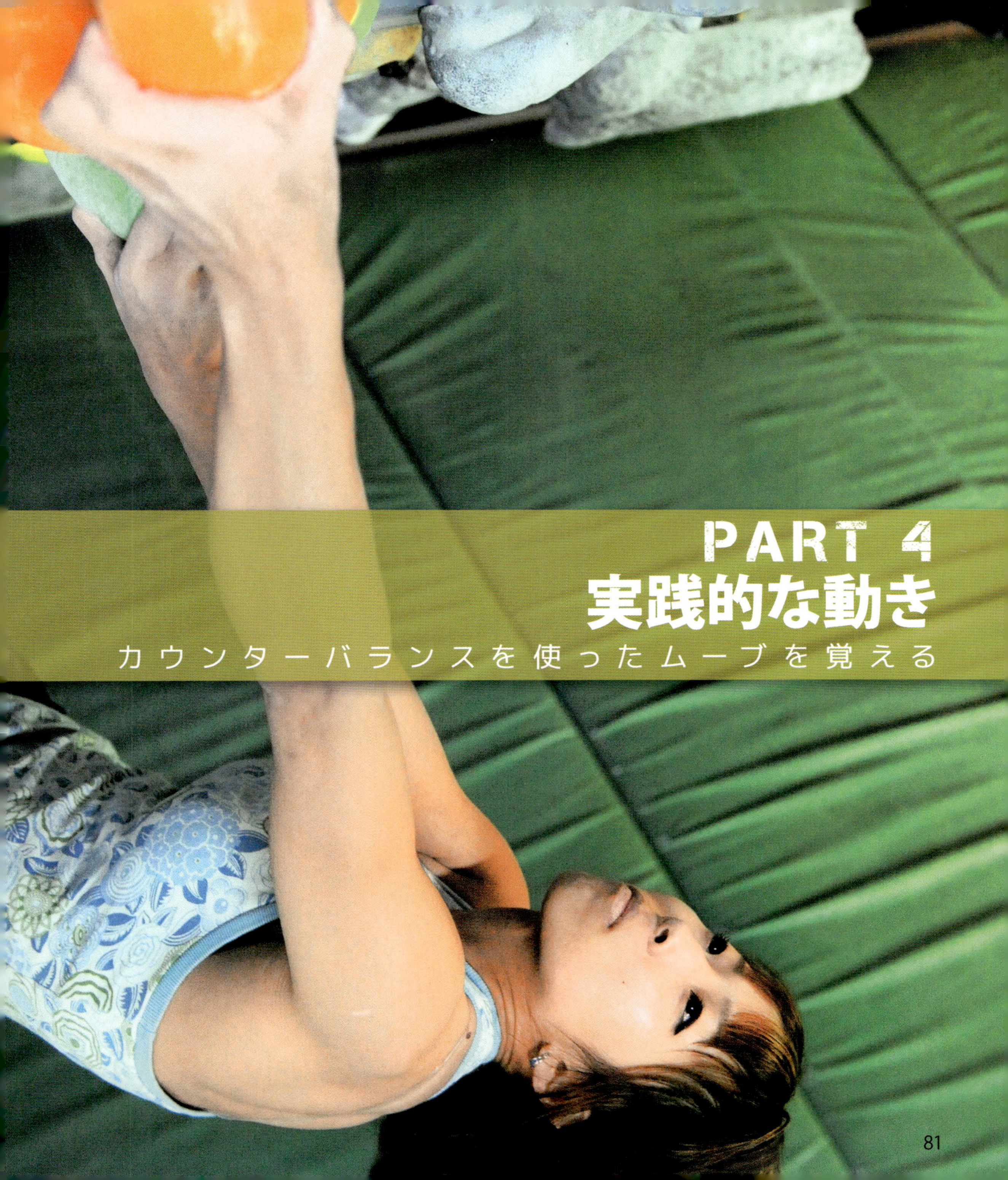

PART 4
実践的な動き

カウンターバランスを使ったムーブを覚える

ダイアゴナル

右手と左足、または左手と右足など対角にある手足でバランスをとる

両手でしっかりホールドをつかみ、重心が後ろにいかないように体をキープします
POINT

対角線で支える２点支持を身につけてより実践的なムーブを可能にする

現代のボルダリングでは、２点支持も基本となってきています。簡単にいうと、どちらかの手でホールドをつかんだら、その手と対角にある足、つまり反対の手側の足をしっかりフットホールドに乗せていれば安定させられるのです。写真のように、左上に遠いホールドがある場合、右手は安定したホールドをつかんでいて、左足のホールドに重心を置いたままでは、ホールドをとりにいっても届かないことがあります。

ホールドに乗せていない右足は、つねに壁を押すようにスメアリング（P51参照）することが基本
POINT

そういう時に使うのが、２点支持を上手く使ったテクニックの「ダイアゴナル」です。左足に重心を置いて伸び上がりながら、体をとりにいくホールドと反対側、つまり右に向けるようにしてみましょう。すると、届かなかったホールドに左手が届くようになるのです。ボルダリングは上手くなればなるほど、このダイアゴナルを使います。これからしっかり練習して、ダイアゴナルを無意識で使えるくらいに練習しておきましょう。

ココをチェック!!

対角にある手足の2点で体を支持して、体を斜めにしてバランスを保持します。たとえば、右手と右足や、左手と左足と同じ側を使ってホールドしていると、体は自然と回転をはじめてしまい不安定になってしまいます

アウトサイドフラッキング

フットホールドに乗せてない足でバランスを保つ

スメアリング（P.51参照）を使って、下半身を安定させます
POINT

両手を引いて、重心が後ろに残らないように体を壁に近づけます。体が壁から離れたら、手は届きません
POINT

通常では 体が回転してしまう場合 支点の反対側の壁を押さえて 回転を防ぐ

アウトサイドフラッキングとは、フットホールドに乗せている反対側の足を、旗を振るように体の外へ張り出してバランスをとるムーブ。写真で説明すると、両手でしっかりホールドをつかみ、右足にしっかり乗り込み腰を落としながら、右側に少し上体を振って横向きのポジションをとります。この時、壁側にある左足をホールドしている右足の外側に張り出し、軽く壁に足をあてて（スメアリング）バランスをとります。

そこから、右足はフットホールドを、左足はとりにいくホールドの方向へ、蹴るように力を入れ、一気に体と左手を伸ばしホールドをつかみます。上方に体と手を伸ばして行く前に、一度両手を引きつけ体を壁の近く

にもっていくことが大切です。体が壁から離れてしまうと、斜め上方に伸びることになり、真上に伸びることができません。また、つかんだ左手と、フットホールドに乗せている右足にかけて、体の向きが一直線なるように意識すると安定します。このように、フットホールドに乗せてない足を、旗（フラッグ）のように振りバランスを保つことから、このムーブはフラッキングと名づけられたようです。写真とは逆なポジションもあるので、両方のムーブを練習しておきましょう。

ココをチェック!!

前章で解説したように、ボルダリングの基本は3点支持で体を保持しますが、対角でない体勢で次のホールドをとりにいくことがあります。その時、写真のように正対してホールドをとりにいくと、ホールドしている手と足を中心に、体が壁から離れてつかむことができません

インサイドフラッキング

つかんだ時に、体が一直線なるように意識すると安定する

スメアリング（P51参照）することで、下半身を安定させます
POINT

同じ側の手足を使った二点支持でも体の回転は防げる

両手でしっかり体を支え、腰をゆっくり落としながら、腰をまわし、体を横に向けます。フットホールドに乗せている足を外側にして、宙に浮いている足を壁側に投げ出します。この時、壁側にくる足で壁を押すようにすると体が安定します。写真では、右足でフッホールドに乗り込んでいますが、壁に押し当てている左足を基点に左手でホールドをつかみにいきます。

右足にしっかり乗り込み、体をつかみにいくホールド方向に伸ばしながら、左手でつかみにいきます。この時、左足でスメアリングすると、全体のバランスがアップします。また、上方に体と手を伸ばして行く前に、一度両手を引きつけ体を壁の近くにもっていくことが大切です。体が壁から離れたままだと、斜め上方に伸びることになり、真上に伸びることができません。また、つかんだ左手と、フットホールドに乗せている右足にかけて、体が一直線なるように意識すると安定します。

ココをチェック!!

両サイドのフラッキングの場合、フラッキングしている足がホールドしている足より極端に高かったり低くかったりしていると、両足の一体感がなくなります。ここから左手でホールドをとりにいこうとしても、下半身の動きがバラバラになってしまい、しっかり体を伸ばすことができません

ハイステップ

高い位置のホールドに足を置いたら、その足に重心を移動させる

上げた足のかかとにお尻を乗せる感じで、重心を移動させていきます
POINT

一見強引に見えるムーブだがしっかりとバランスをとることでスムーズに行なうことができる

高い位置のホールドを一気にとりにいく時や、適当なフットホールドがそばにない時に使います。名前のとおり、一気に高く足をあげてホールドに乗り込むテクニック。両手で体をしっかりホールドして下半身をゆっくりと上方に持ち上げながら、高い位置のホールドに足を置き、両手を引きつけて体を壁に近づけ、その足に重心を移動させてから、かかとにお尻を乗せていくような感覚でホールドに乗り込んでいきます。しっかり乗り込むことができたら、バランスを保ちながら次のホールドをつかみにいってください。片方の足だけで立ち上がるので不安定な体勢のようですが、ホールドに乗っていない足を壁につけると、全体のバランスがとれてうまくいきます。

両ひじをしっかり引きつけて、体が壁から離れないよいように注意しましょう
POINT

体が安定してから、ゆっくりホールドをつかみにいきましょう
POINT

ココをチェック!!

いきなり高い位置に足を上げるとバランスを崩してしまい難しいです。最初は、余裕をもって足を上げられる位置のホールドを使って練習しましょう。また、両手を伸ばしてふところを広くすると、ひざを大きく使えるので高く足が上がります。つま先をホールドに押し当てるように乗せていくといいでしょう

バックステップ

下半身を固定することで、次のホールドがつかみやすくなる

ハンドホールドを支点に、右足を伸ばしながらゆっくり体を回していきましょう
POINT

下半身の向きを入れ替え 体をいちばん伸ばせる 向きにして 遠くのホールドを 確実につかむ

バックステップは、別名「キョン」または、「ドコップニー」と呼ばれます。写真で解説すると、ハンドホールドをしっかりつかんだら、両足のつま先とひざをカエルのように外側に開きます。

次に、ひざが右を向くまで回転させます。この時、手をしっかり伸ばして、左足のかかとにお尻を乗せるイメージをもってムーブしないと、手が疲れてしまいます。また、上半身だけを右に向けても、下半身が右を向かなければまったく意味がありません。こうすること

で、下半身が固定された状態になるので、そこからゆっくり左足に体重をかけながら、左手でホールドをつかみにいきます。左手でつかんだ時に、右足と一直線になるように対角を意識するとより安定します。右手をしっかり引きつけて、体が後ろにいかないようにしましょう。このムーブをうまく使えるようになると、体力の消耗をおさえることができます。これから上達していく上で絶対に必要なテクニックです。両方のポジションでできるように練習しておきましょう。

ココをチェック!!

このまま正対でとりにいっても次のホールドには手は届きません。こんな時、うまくバックステップを使って、左足側に体を移動させて、次のホールドにより体を近くしてとっていきましょう。体を次のホールドに近くするようにムーブしていけば、無駄な体力の消耗も少なくなり、スムーズに登ることができます

デッドポイント

両手で体を壁に引きつけ、その勢いで一瞬の無重力状態を作り出す

伸ばした両手を一気にひきつけて、体を壁に近づけます
POINT

つかみに行くホールドをしっかりと見て目線を固定する

3点支持の場合は、両足と両手で体を保持できるので、片方の手でホールドをとりにいくことができますが、両手両足とも小さいホールドで体を保持し、しかも片方の手を離したら落ちてしまうような場合にはデッドポイントを使います。両手で保持するのがやっとで次のホールドをとりにいけない時に、両手で体を壁に引きつけて、その勢いで片手を離せる一瞬の無重力を作り出し、次のホールドをとりにいくムーブがデッドポイントです。注意点としては、両手による保持で体が回転しないよう注意しながら、とりにいくホールドに目線を固定し、反動をつけるためにひざを曲げながら下方に腰を落とし、腕をできるだけ伸ばして上体を壁から離します。その状態から、両腕をできるだけ素早く引きつけて無重力状態を作り出し、その瞬間に下半

一瞬の無重力状態を作り出し、一気にホールドをとりにいくことが大切
POINT

高いほうのホールドに一気に乗り込むために、もう一方の足で反動をつけていきましょう
POINT

身を使って、とりにいくホールドに向かって体をまっすぐに伸ばしてつかみにいきます。

うまくとれたら、全身を緊張させて、回転したり壁から引き剥がされたりしないよう耐えましょう。壁に沿った体の移動をイメージするとうまくいきます。最初は、安心してできる大きなホールドを使って練習しましょう。

ココをチェック!!

腕立て伏せで、ゆっくりひじを曲げて体を床に近づけて、そこから一気にひじを伸ばすと、ひじが伸びきった状態で、一瞬、無重力状態になり、両手で一回手を叩くことができると思います。これと同じように、一瞬の無重力状態を利用することが大切です

手に足

かかとにお尻に乗せていくような感覚でホールドに乗り込んでいく

荷重できる場所が点になるので全身で上手くバランスをとる

ハイステップの一種で、つかんでいるホールドまで一気に足を上げるムーブ。小さいホールドでは使えませんが、手でつかんでいる部分以外に足を乗せる所が残っている、大きめなホールドの時に使います。やり方はハイステップと同じです。手でつかんでいるホールドに足を置いたら、ゆっくりと両手を引きつけて体を壁に近づけながら、その足に重心を移動させます。かかとにお尻を乗せていくような感覚でホールドに乗り込んでいきます。しっかり乗り込むことができたら、次のホールドをつかみにいってください。立ち上がる時に、ホールドに乗っていない足を壁につけると、全体のバランスがアップします。

ココをチェック!!

足に重心を移動しやすいように、つま先部分をホールドに乗せてください。乗り込む時に、両手を引きつけ体を壁に近づけ、腰をホールド方向に引き寄せるイメージです

フィギュア4

足を入れないほうの足は壁に接するなどして、バランスをとる

体がコンパクトになることで一方向へ力を集中できる

前傾壁を登る時に使うエキスパート向けのムーブ。両手でホールドをつかんでいる時に、その腕の間に片足を入れ、体をコンパクトにしながら体重をあずけ、そこから次のホールドをつかみにいく高度なテクニック。写真のように前傾した壁の場合は、入れない足は壁に接するなどして、バランスをとっていくことが必要になります。また、足を入れたら、両手を引きつけて体をなるべく壁に近づけて、次のホールドをとりにいってください。頭をつねに起こしておくことも大切です。

ココをチェック!!

フィギュア4を使う場合は、手を中心にして全体重を保持しなければなりません。しっかりつかめるホールドを両手でつかむことが大切になってきます

ランジ（ダイノ）

体をスイングさせて勢いをつけて、一気に次のホールドをとる

両足でしっかり踏み切る、そして腕を伸ばすタイミングが重要

　ボルダリングでは、ダイナミックムーブといって、飛びつき系の動きも多く用いられ、ランジとも呼ばれています。通常のムーブだと届かないところにある次のホールドをとりにいく時に、完全に体が宙に浮くムーブです。飛び方のコツは、まずはしっかり腕を伸ばして腰を落とします。ブランコの要領で体をスイングさせて勢いをつけ、一気に次のホールド方向に伸び上がり、右手でホールドをとりにいきます。左手は引きつけてしっかり支持しておきます。

　デッドポイントの時の要領で、片手を離せる一瞬の無重力を作り出すことが大切です。この時、両足をしっかり蹴って飛ぶことが必要です。慣れないうちは、手ばかりに意識がいってしまいますが、足でホールドを蹴っ

て飛ぶことで飛距離を出すことができます。

　場合によっては両手でとることもあり、これをダブルダイノと呼びます。かなり難しいムーブです。ひとつのホールドからひとつのホールドに飛ぶこともあれば、両手でそれぞれのホールドをつかみにいくこともあります。前傾した壁などではうまくつかめても、飛んだ勢いによって体が大きく振れて、手でつかみきれず落ちてしまうことうこともあります。体を保持するには相当な筋力が必要とされるムーブです。

大きく飛びあがり、より遠くのホールドをつかむためには下半身を強く意識します。上の写真の場合、振り上げるひざをより高く上げるように意識することで、体全体が大きく持ち上がります

前傾壁を登る

おへそを中心に重心の位置を壁に垂直と意識していく

おヘソ部分が、壁からつり下げられているようなフィーリングをつねに意識してみましょう
POINT

おヘソの位置を常に注意して重心を安定させて登る

ココをチェック!!

前傾壁の場合、おヘソを中心に重心の位置を壁と垂直に意識していくことが大切です。ホールドは、つかむというより引っかけるイメージで、いつも壁に垂直に力を働かせましょう

垂壁が登れるようになったら、前傾した壁にも挑戦してみましょう。前傾した壁を登る場合の基本は、おヘソの位置を意識すること。ホールドをとりにいく時、片手を離す前にしっかりとおヘソの位置をホールドを近づけておき手を離したら素早く次のホールドをつかみます。おヘソの位置と、ホールドの位置が離れていると、体が回転するなど不安定な状態になり、支えている腕により多くの力が必要になります。腕を曲げるだけではなく、おヘソを近づけるイメージをつねに持ちましょう。

あとは垂壁でやった「足を上げる時は壁から離れ、手を出す時には壁に近づく」という動作を繰り返しながら登ることが大切です。足を出す時は、ひじを伸ばしてふところを広くすることで安定させ、ホールドをとった時は、腹筋に力を入れて体が壁から離れないようにして腕の負荷を軽減させてください。また、足を大きく使うことが多くなるので、股関節の柔軟性も必要です。

PART 5
課題を登る

さまざまな課題にチャレンジしてスキルアップする

ウォーミングアップ&オブザベーション

壁を降りないで、手と足の動きを確認しながら体を温める

腕や足の動き、体の向きなどをひとつひとつ確認しながら移動する

全身の筋肉、バランス感覚を使いながら楽しむのがボルダリングです。ボルダリングは、特別な道具使わないので、自分の体力や筋力、バランス感覚に頼るしかありません。そのために、体を温めるウォーミングアップが大切です。ストレッチはもちろんですが、ある程度壁を登ることができるようになったら、課題が設定されていない壁（長もの）でウォーミングアップをしてから、課題にチャレンジしてみましょう。

まず、壁の端にとりついたら横にゆっくり移動し、反対側の壁の端にきたら、今度はスタートした側にゆっくり戻ってみましょう。この時、腕や足の動き、体の向きなどをひとつひとつ確認しながら移動してみてください。

もし、次の人が待っていなかったら、この動きを何度も繰り返し行なってみましょう。ゆっくりと全身の筋肉や関節がほぐれてくるので、終わった頃には適度に体も温まります。手や足の可動範囲の確認にもなるので、練習も兼ねた効率のいいウォーミングアップといえるでしょう。

オブザベーションの違いが直接結果に結びつく重要なポイント

ジムに限らず外岩でも、登る課題のホールドやスタンスを観察することがオブザベーション。無駄なく登るためには、課題で設定されているホールドを、どの手でつかみどう足を動かすかなど、頭を使って実際に手足を動かしながらシミュレーションしておくことが大切です。ボルダリングは、パズルのように頭で考えることが必要なスポーツなのです。

初級課題 /STEP 1

ひじは伸ばすのが基本。ホールドを確認しながら登る（110° 壁）

POINT

右左右左と手が順番に進んでいく基本的な課題。こうした簡単な練習課題では、壁の途中で終わる課題が多い。壁の上まで登りきらない場合でもゴール表記があればそこがゴール

POINT

ひじは伸ばすのが基本。ぶら下がるだけではなく、壁からの距離をとって視界を広くし、どの場所をホールドして、ステップを選んでいくか確認しながら登りましょう

P60参照

POINT

手のホールドはまっすぐ、足は左右に大きく振りながら登るように設定された練習課題。基本的ながら、大きな動きを含むムーブを繰り返し行なうことで体の使い方を覚えていきましょう

P36参照
POINT

両手でゴールをしっかりと保持し、足もホールドに置いて体全体を安定させます。ゴールにタッチしただけでは登りきったことになりません

初級課題 /STEP 2

ホールドと体の向きを合わせて、スムーズに登ろう

すべてのホールドにしっかりと体重をかけるこができる課題。足自由という設定を生かして、最初のセオリーとなる「足を上げる動作」や体の振りを、意識して練習しましょう

POINT

写真のように低い位置にあるホールドからのスタートでは、座った姿勢「シットダウンスタート」から始めます。両手でスタートして両手でゴールすることが基本

POINT

P36参照

POINT

基本課題でのこうした横からのホールドは、しっかりと持てる場合が多いですが、体の向きによってはホールドをしっかりとつかめなくなります。体重をかけやすい足場を見つけて登りましょう

P74参照

POINT

足の乗せ替えが必要になる場合、先についている足は、つま先で立っていないと乗せ替えられません。あらかじめ乗せ替えを意識したフットワークを考える必要があります

初級課題 /STEP 3

ホールドの向きを見極めてイメージする

POINT

この課題ではすべて同じホールドを使かっています。こうした練習課題を設定しているジムも多いです。それぞれのホールド自体は同じでも、すべて異なった向きに設置されているために体重をかけられる向きがすべて違います。オブザベーションでホールドの向きを見極めて、どちらに体を振って登ればいいかイメージしましょう

POINT

下から持つアンダークリングでは、体が十分に上がった状態からでないと利いてきません。低い位置からホールドをとっても指でつまむ程度の力しか加えられないので、体重を支えることはできません。しっかり腰に近づくまでは腕や足で体を持ち上げます

P43参照

P54参照

POINT

ホールドの方向をしっかりと意識し、ホールドの向きに体を合わせて振ります。ホールドできる体の向きを考えながら踏み場を選びます

P36参照

POINT

ゴールは両手でしっかりとホールド。タッチしただけや、一秒保持ではだめで、確実に安定させて初めて、ゴールとなります。降りる時も注意を払って安全に降りましょう

初級課題 /STEP 4

ダイアゴナルの基本と中継ホールドの活用で初心者を卒業する

POINT

ホールドの位置が一方向に並んでいて、普通に右左と順番に進んでいくことは難しい課題。無理に遠くのホールドを順番に取ろうとする前に、一時的に使う「中継ホールド」を覚えてスムーズに足場を安定させていきましょう

POINT

中継ホールドとは、右→左→右と順番に手足を出し登っていくところを、右→右など同じ方向の手や足を２度続けて出す動きです。写真の場合右手で中継をすることで、「手に足」をしないで登ることが可能になってきます。右→左が基本ですが、絶対ではありません。必要な中継ホールドも視野に入れていきましょう

スメアリングをしていないと体が不安定になり、力が分散してしまいます。とくにアウトサイドエッジングになると、その逆側の足は浮き上がり、体が回転してしまいます。その場合、左足のインサイドでスメアリングをして、ダイアゴナルの基本の形を作ることで楽に上がることができます

P51,P82~83参照

先の先を考え、一旦体勢を整えるために一時的に利用するホールドを「中継ホールド」と呼びます。遠くのホールドへリスクを負って手を出す前に、より安全に体勢を支えることのできるホールドを利用して足場を整えましょう。こうした動きが自然にできるようになれば初心者は卒業です

中級課題 /STEP 1

135° を登ってみる。腕を伸ばして視界を広く保つ

POINT

ガバで持てるなど、かかりがいいホールドで構成された課題。これだけの傾斜になると腕にかかる負担は大きい。つかみやすいホールドでも、傾斜が強くなるとつかめなくなります。まずは135°に慣れるために登ってみましょう

POINT

傾斜が強いと腕を伸ばせずしがみつく姿勢になりがち。そうなると視野は狭くなり、腕にも大きな負担がかかり続けます。まずはこの傾斜で腕が伸ばせるようにすることから始めましょう

P60~61参照

傾斜の強いところでは、足順も重要になってきます。乗せ替えるスペースが無い場合などは、クロスさせながら登ることも多くなります。腕にかかる負担は時間の経過とともに大きくなるので、より短時間で登れる大胆なムーブも必要になってきます

POINT

P76~77参照

P46参照

ゴールはガバなので、ブラーンとぶら下がってでもいいですが、両足もホールドに置くことでより安定します。両手でしっかりとホールドし、体が安定するまで集中して決めていきましょう。

POINT

中級課題 /STEP 2

オブザベーションが重要になる

前傾の場合はとくに、お尻が外にでないよう適切なスタンスを見つけていくことが大切。足にかかっていた体重は腕に余計にかかるようになるので、思い切りのいいムーブを取り入れ、短時間で登ることを意識します

POINT

足の乗せ替えが困難な場合、足を切って（壁面から両足を離す「アシブラ」ともいう）振り子のように反対側へ送ってしまったほうが楽な場合もあります。傾斜の強い壁では時間との勝負でもあるので、無理に保持するよりは、意図的に切ってしまうこともチョイスのひとつ

POINT

傾斜が強い壁では無理な姿勢になりやすく、保持していられる時間も短くなります。時間がかかると耐えられなくなるので、迷わず思い切りいく必要があります。そのために、事前のオブザベーションが大切

P100~101参照

柔軟性は、伸ばす時だけでなく小さくなる場合でも生きてきます（縮めている筋肉の反対側は必ず伸びているから）。柔軟性があれば、無理なく、より少ない力でクライミングが可能

中級課題 /STEP 3

ポケットやハリボテなどホールドの特性をうまく生かして登る

POINT

ハリボテ（巨大なホールドのこと）やポケットなどホールドの種類が増えた課題。最終的にどういう姿勢で次のホールドを持つのか、ホールドの特性を生かしたムーブを取り入れ、しっかりとしたイメージをもって、直前のムーブを調節しておきましょう

POINT

ポケットをとりにいく場合は「勢いよく」ではなく「慎重に」。事前のオブザベーションで自分の指が何本入るかしっかりとチェックしておきましょう

POINT

ハリボテを有効利用するためにはまず、つかめる箇所を把握することが大切。ホールドに有効な箇所をオブザベーションの段階で把握して、右手で持つのか左手なのか、向きはどの方向が有効なのか見極めておくことが重要

P100参照

P48参照

ヒールフックは腕をしっかり伸ばした状態で、かかとをかける方向と同じ方向に重心が落ちるようにしましょう（向きが違うと、ヒザに強い荷重がかかったり、摩擦がなくなりヒールが離れてしまいます）。大きなホールドの場合は直後のムーブも踏まえて位置や向きを調節することも大切

POINT

中級課題 /STEP 4

ランジはしっかりと目で見て、狙って、タイミングを合わせて腕を伸ばす

距離のあるホールドをつないだ課題。場合によっては思い切ってランジする場合もあります。ランジなど大胆な動きを可能にするため、どの向きでつかめばもっとも負担なく保持できるか、ホールドの形を確認することが重要になります

POINT

右肩と胸を壁に近づけて（イメージとしては全身を近づける）距離を出します。体が壁に近いほど遠くのホールドに手が届きやすくなります。傾斜が強いので腕や腹筋に負担はかかりますが、とにかく一手一手をがんばることが重要

POINT

P98参照

P96参照

ランジはしっかりと目で見て、狙って飛ぶことが大切。持つところを見て飛びましょう。反動をつけて体を振ってから距離を出す場合、踏み切る瞬間、体からいちばん遠くにある位置で手が出れば距離が出ます。体が伸びきる前や、足が離れた後に手を出しても距離が稼げず、ホールドをとることができません

POINT

ランジは派手な分リスクも大きい。課題によっては後半にランジを必要とする場合もあり、それまでに腕に蓄積された疲労によって、ホールドに触れても保持することができないこともあります。もっとも負担が少なく、大事な場面で力が発揮できるよう、先を考えたムーブを心がけることが必要です

POINT

上級課題 /STEP 1

まずは浮ける（スタートできる）ようになる

POINT

160度もの壁になると、ミスのリカバリーは困難で、間違った動きではこなせなくなります。些細なミスですぐに落ちてしまうので、保持に意識を集中したり、移動に集中するなど、しっかりメリハリをつけて動く必要があります

POINT

腕をしっかり伸ばし、重心を真下に落とした状態が作れなければスタートすることすらできません。これだけの前傾壁になるとテクニックだけでなく、当然筋力も必要になってきます

160度の前傾壁では登るために右左右左だけではなく、曲げ、伸ばし、曲げを繰り返して進んでいきましょう。移動する直前では肩を固めて（しっかりと体を壁に引き寄せて保持）安定させてから動くことが大切です

この状態では、支持している足や腕の力だけで遠くのホールドをとることはできません。支持していない腕も振り子のように大きく振って、反動を使って遠くのホールドをつかみましょう

上級課題 /STEP 2

見えない、見えづらいホールドをとる

POINT

オブザベーションの時点でクライミング中に見えないホールドや、見えづらいホールドがないかチェックし、ある場合には目印を見つけておきましょう、すでに目印がある場合でも、実際にホールドしやすい位置などを事前に確認しておくことが大切。その場で確認しようとしても、傾斜が強い場所では無理です

P47参照

POINT

この課題の場合、見えないカンテをとったら、引くことによって安定します。通常の場所でのホールドではかかりが悪くても、こうした場所にあることで、ガバのように感じることができるほどかかりがよくなります。そうしたことも、このレベルのオブザベーションでは確認できるので、事前に把握しておくことが重要

手とかかとを同じホールドに置きます。柔軟性が必要なムーブです。カンテに足をかけることによって、垂壁にいるような状態になり、「手に足」の部分に荷重がかかるため、右手が楽になります。こうした動きを「垂壁に逃げる、逃がす」などと呼びます

緑のホールドはスローパーで、本来は持ちにくい形状。しかし、引きつける動きになるために、ガバの感覚で持てるホールドに変わります。オブザベーションの段階で確認ができていれば登り方も変わります

上級課題 /STEP 3

体を揺らさず安定させて登る

横方向への移動が多く、そのたびに体が大きく揺れます。揺れるたびに手にかかる負担が大きくなり、また、次のムーブへの準備も難しくなります。この課題では「手に足」などを使い、体の揺れを抑えるムーブを取り入れて登りましょう

移動するたびに体が振られ、その都度腕と支持している指に大きな負担がかかります。ここではつま先を意識することによって、振られを少なくして次の動きに備えています

傾斜の強い場所でよくおこる状況。しっかり腕をロック（固める）して、安定させてから次のムーブに移ります。ロックしている間、体が揺れると負担が大きくなりすぎるので、腕に足を少し絡めて、全体を安定させましょう

前後の動きでひとつのムーブ。足を持ち上げ、「手に足」をした勢いで、そのまま止まらず、ひざを前に倒し込み次のホールドへ向かいましょう。時間がかかればかかるほど辛くなるので、リズミカルに進める場所では素早く登ることも大切です

P94~95参照

上級課題 /STEP 4

力が必要になる場面も多いが、基本となる動きは同じ

POINT

ホールドの距離が遠く、時に大胆なランジも必要になる課題。動く直前には壁に体を沿わせ、距離を稼ぎます。これまでの基本的な動作は変わりませんが、保持力と力の要素が加わってきます。力を温存するため無駄な動きを排除していきましょう

POINT

アンダーホールドがスタンスになった場合、トウフックが有効。ただし引っかけているので、推進力は0です。そのつま先を使って前に出ることはできないので、この先のムーブ（ランジ）は力技にせざるを得ません。体幹（腹筋を中心とした全身）で体を安定させ、前に進みましょう

P49参照

POINT

直前のムーブでのトウフックが効いているので、体は壁に沿って近づいた状態をキープできています。壁面を蹴ってランジしていますが、距離が遠いためしっかりと体が壁に近づいていなければ届きません

P96~97参照

POINT

壁に体がつくほど近づけてから、ホールドをとりにいきましょう。力技ですが、これによってより遠くのホールドをとることができます。しっかりとホールドを引きつけた分だけ、遠くのホールドがとれると覚えておきましょう。強い前傾壁では、すぐ目の前にあるホールドでも、体を引きつけないとつかむことができません

特殊課題 /STEP 1

保持力の高さが試され、純粋な「力」も必要になる

日本ではロッキーにしかないボール状の壁。平面より複雑で角度もつねに変わります。常時違う方向へ軸を傾け、登ることになります。ここでの特殊課題は高度な技術の他、筋力が直接ものをいうムーブまでいろいろ詰め込まれています

POINT

P96~97参照

前傾角度の大きな場所でのランジのため、直後には全身が大きく振られます。なるべく振られないようにすることが大切ですが、完全な保持ができていれば、これだけ振られても保持し続けることができます

POINT

足をかけるところがほとんどないので、キャンパッシングで登ります。キャンパッシングとは足が使えない場所で、腕もしくは指だけで行なうムーブのこと。指に大きく負担がかかるので、経験をつんで体を作っておかないと保持することができません

この後右足を離して、振り子のように勢いをつけて反対側へ下半身を持っていきます。重心が斜めで手と足の高さがほぼ同じの姿勢。ここまで難易度が高くなれば、こうした特殊な姿勢での保持が必要となります

特殊課題 /STEP 2

技と身体能力のすべてをつぎ込む

身長以上に離れた位置にある次のホールドをつかむために、ダブルダイノで思い切り反動をつけて飛びます。一瞬すべてのホールドから手足が離れます。正確に目標を見据え、もっともいいタイミングで腕を伸ばさなければ、これだけの距離を飛ぶことはできません

POINT

P96~97参照

初手からダブルダイノで始まる課題。その後のムーブは難関そのもので、トップボルダーが技を駆使しながら登っていきます。技だけでなく、筋力と、柔軟性が直接保持力に結びつきます。このクラスまでくれば、身体能力の差がムーブの差にもなってきます

POINT

P48参照

POINT

通常では届かない位置にあるふたつのホールドを両足を広げ、さらにヒールフックで固定しています。世界レベルの柔軟性と足首の器用さ、筋力のすべてがなければできないムーブ

P76~77参照

POINT

この部分のセオリーでは、チクタクともいわれるふたつのホールドを使った手の持ち替えを行ないますが、写真ではステップを少なくして腕をクロスさせてから持ち直し、ゴールに至っています。意図されているムーブを超えたムーブを考え出すことも楽しみのひとつ

COLUMN 4

レスティング

ノーハンド

レスティングとノーハンドを覚えておく

簡単なルートなら、さほど時間もかからずにゴールしてしまいますが、課題が高くなればなるほどゴールするのに時間がかかり、その分、体力や筋力が必要になってきます。こんな時に、少しでも腕の疲労を回復させながら登るために必要になってくるのがレスティング。片手が放せる大きなホールドでは、次の動作に移る前に腕を振って、血液の循環をよくして腕に酸素を供給して筋力を回復させます。ジムの壁でも外岩でも、筋力や体力が必要とされる高難度のルートにはレスティングの技術が必要になってくるでしょう。ノーハンドは、バランス感覚を養うために有効なトレーニングです。低いホールドに片足を乗せて、両手を壁から離して、片足はスメアリングしながら、しっかり片足で体全体を保持してバランスをキープしましょう。バランス感覚を養う練習ですが、手を使わないで登るノーハンドの課題の練習にも効果的です。

レスティング

PART 6
外岩を登る

もし機会があったら、自然の中にある外岩を登ってみよう

外岩の魅力

自然の中でのボルダリングは爽快そのもの

人工的に作られたジムの壁では味わえない、独特の雰囲気がある

　ボルダリングを日本語にすると「岩（石）登り」。ボルダリングの楽しみ方はジムだけありません。まさしく読んで字のごとく、自然界に存在する自然の岩を登るという楽しみ方もあります。自らの足で自然の中に入り、選んだ自然の岩で仲間と一緒に登る「外岩のボルダリング」。この楽しみ方は、ジムでは決して味わえない自然との一体感があります。

　川の流れの音、鳥のさえずり、さわやかな風を感じとりながら、そこに脈々と存在し続ける自然界の岩と無邪気に戯れる貴重な体験ができるのが「外岩のボルダリング」の魅力です。インドアでボルダリングを楽しむだけではなく、チャンスがあったら「外岩のボルダリング」を体感してみませんか？

外岩のマナーとルール

自分たちのフィールドを守るために

ボルダリング・エリアの多くに、守らなければならないマナーとルールがある

その 1. 駐車場を事前に確認しよう

　多くのボルダリングエリアには、専用の駐車場があることなどほとんどありません。狭い林道の脇などに車を止めた場合、さまざまな面で問題が出てきます。多少遠くても、有料または公共の駐車スペースに車を停めてください。

その 2. キャンプなどは指定された場所で行なう

　基本的にボルダリングは、公・私有地に立ち入って行なわれています。ボルダリングエリアの近くに勝手にキャンプすることは厳禁です。自然の中で遊ばせてもらっているという認識を忘れず、地元の人たちとの積極的なコミュニケーションをとるように心がけてください。

その 3. たき火や飲酒などは厳禁

　ボルダリングエリアでのたき火、飲酒などしてドンチャン騒ぎなどは厳禁です。また、公に認められたキャンプ地であっても他人に迷惑をかけるような行動をとらないことは当然のことです。とにかく節度ある行動をとるように心がけてください。

その 4. 岩場で不必要に騒がない

　ボルダリングエリアの近くに観光地や人家がある場合は、人に不快感を与えるような奇声·大声には注意しましょう。また、まわりにボルダーしかいなくても、同じように奇声·大声を発することは止めましょう。

その 5. 用便には注意

　近年ようやくマナーは向上してきましたが、数年前まで人気エリアのトイレ場はひどいものがありました。基本的に外岩付近での排泄は禁止と考えてください。現地に到着する前に済ませておきましょう。緊急時のため、携帯トイレを用意しておくことも大切です。トイレが完備されているボルダリングエリアもあります。

その 6. 地元の人とのつき合い方

　地元の方々に出会ったら、「おはようございます」、「こんにちは」といった最低限のあいさつはしましょう。また、よく行く岩場なら、近くのお店で食べ物や飲み物を買って、地元の人と仲良くなっておくことも大切です。

経験者と出かける。 グレードとトポ

初心者もエキスパートも同じフィールドで楽しめる

慣れないうちは、経験豊かなボルダーと同行して遊ぶことが第一条件

ジムである程度登ることができると、外岩のボルダリングを経験したことがなくても「簡単そう」と思う人も多いです。しかし、「外岩のボルダリング」には相当の経験を必要とします。本当に気軽な気持ちで「外岩のボルダリング」にチャレンジしてはいけません。もし事故が起きたら、自分のみならずたくさんの人に迷惑がかかってしまいます。

初心者もエキスパートも同じフィールドで楽しめるのがボルダリングです。しかし、慣れないうちは経験豊かなボルダーと同行して遊ぶことが第一条件。「外岩のボルダリング」には安全はどこにもありません。ましてやフィールドが自然の中なので、何が起きても不思議ではありません。ボルダリングは「自己責任」が原則です。楽しいはずの「外岩のボルダリング」も甘く見ると牙をむく。このことをしっかり胸に刻み込んで外岩を楽しめば、ボルダリングの別な世界が見えてくるはずです。

外岩のガイドブック的な「トポ」を手に入れて、自分のスキルに適した課題を見つけて登る

　ボルダリングのグレード（難しさの指標）は、体感グレードです。外岩の課題に参考となるグレードが決められていることで、自分のレベルが確認できます。しかし、外岩を見ただけではグレードは分かりません。

　そのために、クライミングジムやクライミングショップ、有料のボルダリングエリアで販売されている外岩のガイドブック的な「トポ」を手に入れて、自分のスキルに適した課題を見つけてトライすることになります。

　外岩の課題には固有の名前がつけられています。また、同じ岩であっても、左サイドから登る場合と、右サイドから登る場合とではグレードが異なる場合があります。ただ必ずしもトポに頼る必要はなく、自分にできそうな岩を見つけたら、自由に登ってみることも楽しみのひとつといえるでしょう。

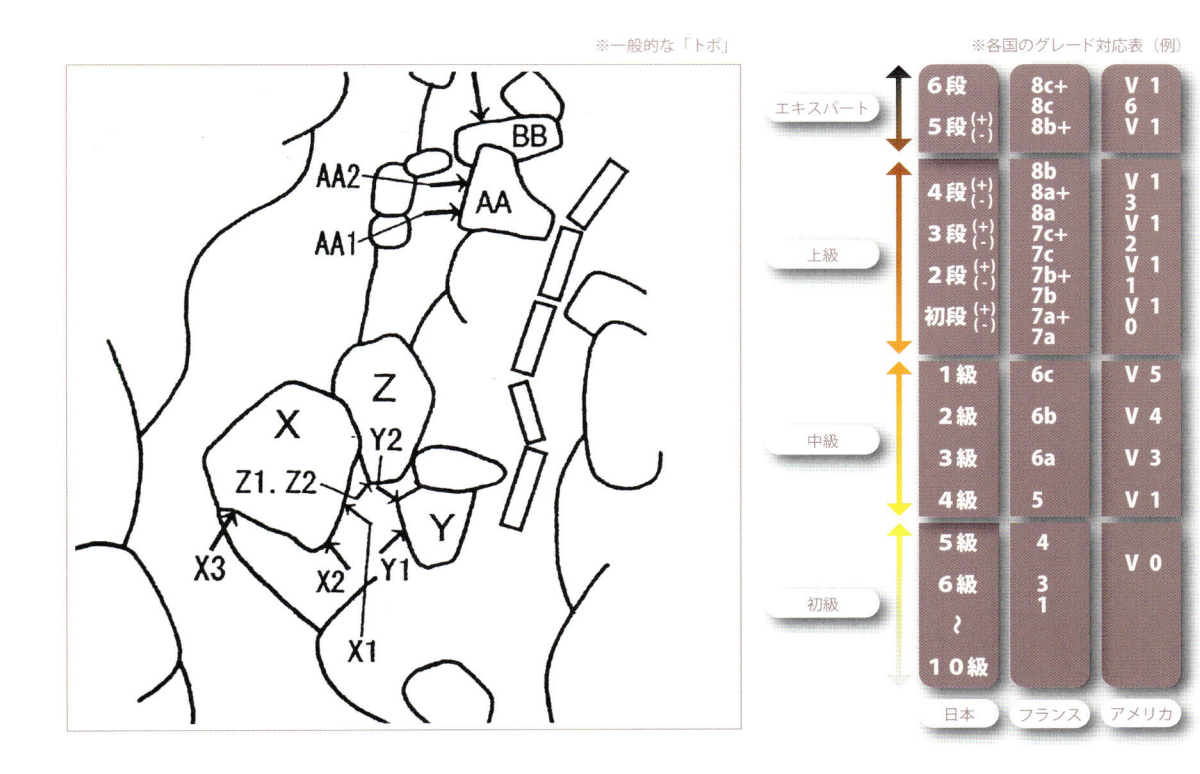

※一般的な「トポ」

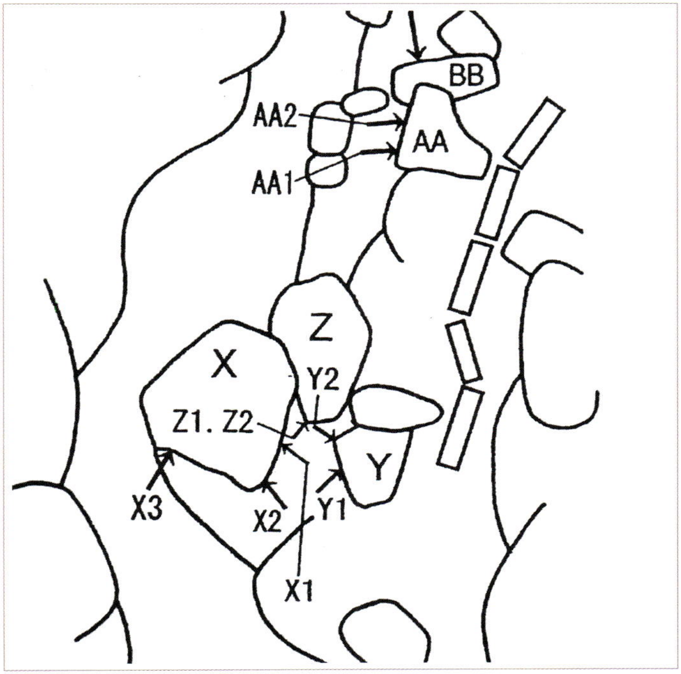

※各国のグレード対応表（例）

	日本	フランス	アメリカ
エキスパート	6段 5段(+)(-)	8c+ 8c 8b+	V1 6 V1
上級	4段(+)(-) 3段(+)(-) 2段(+)(-) 初段(+)(-)	8b 8a+ 8a 7c+ 7c 7b+ 7b 7a+ 7a	V1 3 V1 2 V1 1 V1 0
中級	1級	6c	V5
	2級	6b	V4
	3級	6a	V3
	4級	5	V1
初級	5級	4	V0
	6級	3 1	
	〜		
	10級		

用具を揃える

外岩には、専用のボルダリングマットが必要

ジムで使用するギア以外に、外岩で必要不可欠となる特別なギアがある

1 クライミングシューズ

ジムで使用していたクライミングシューズでOKですが、もし余裕があるようでしたら外岩用のクライミングシューズを用意しましょう。

2 アプローチシューズ

外岩があるところは山です。足場が悪いところも多いので、ソール（靴底）のグリップがいいアプローチシューズなどで行きましょう。

3 チョークバッグ

外岩のボルダリングにもジムで揃えたチョークバッグは必要不可欠。

4 歯ブラシ

登り終わったら、岩についたチョークは歯ブラシできれいに落としましょう。

5 サンドペーパー

ボルダリングの回数をこなしていくと、手に豆などができることがあります。豆が大きくなると、手の微妙な感覚が損なわれるので、100番くらいのサンドペーパーで削ることもあります。

6 速乾性ボンド

ツメが割れた時など、応急措置として使用します。

7 テーピング

指や手首の関節が痛い時に使ったり、指の皮が剥けないように保護用に使ったりします。とくに、始めたばかりの頃は皮がむけたりまめができたりするので、保護したほうがいいでしょう。

ボルダリングマット

落下した時や着地した時の衝撃を吸収するためのマット。ボルダーの安全を守るために必要不可欠なギア。持ち運びが便利になるように、背負えるシステムを採用。

マットの使い方&落ち方

登っている人の動きを見て、マットをこまめに動かす

足首とひざの関節を柔軟に使って着地する

いくらマットを敷いていても、そこから外れて落下してしまったり、マットの上に落下したとしても、落ち方がよくないと足首のねんざなど、怪我をしてしまうことも少なくありません。まずはマットなしで、小さい低い岩で着地の練習をして、落ち方のコツをつかんでおきましょう。

「落ちてしまう」のではなくて「自分から落ちる」が基本です。振り返りながら、着地しようと思う場所をしっかり確認して降りていきましょう。初心者は、落ちるか落ちないかギリギリのところまで我慢しないで、「落ちそうかな」と感じたらちゅうちょしないで降りてください。余裕のない落ち方は、大変危険です。落ち方の基本は、足から確実に着地することです。

そして、足首とひざの関節を柔軟に使って、着地の衝撃をうまく吸収してください。足が突っ張った状態や、重心が前後にいったまま降りてしまうと大変危険です。

登っている人の動きを予想してこまめにマット動かす

ボルダリングでは、落下の安全性を考えてボルダリングマットを使用することは当たり前になっています。外岩はジムとは異なり、下地の状態はさまざま。大きな石が出ていたり、石と石の間に大きな隙間があったり、傾斜面であったり、いつも平らな地面とは限りません。登る前に下地の状態をよく確認してマットを敷くことが大切です。

また、マットは必ずひとり1枚以上持参して、複数のマットを敷くことで、できるだけ安全性を確保してください。しかし、ただ闇雲に登っている人の下にマットを敷けばいいものではありません。登っている人の動き予想しながら、こまめにマット動かすことが大切です。初心者は、経験者からマットの基本的な使い方をレクチャーしてもらったほうがいいでしょう。

ボルダリングマットをストレッチで使う

マットは、落下の時の安全性を確保するために使用しますが、ストレッチをする時に使用すると便利です。ジムと違って外岩は自然の中にあります。当然ストレッチをするところはごつごつしている地面です。その上でのストレッチは、石や小さい岩などが体に当たって痛いはず。マットの上でストレッチすれば快適です。

スポット

腰や脇、背中など上半身をつかまえて、マット上に誘導する

登っている人の動きを確認しながら、いつ落下してもいいようにつねに身構えておく

スポットとは登っている人が、できるだけいい体勢で安全に着地できるように後ろからフォローする人（スポッター）がサポートする行為のことです。いつ危ない状況になるか予想はつかないので、スポッターはマットの確認をしながら、登っている人の腰のあたりに両手を添えるようにして、いつ落下してもいいようにつねに身構えておくことが大切です。スポッターは、まずは自分の足場を確保し安全を優先します。そして、落ちてきた人の腰（人の重心の位置）のあたりを両手でサポートして、荷物を自分の前に置く要領で、足から先にマットに着地できるように誘導してください。

ただ、いつもスポットするわけではありません。あくまで危険な状態で落下した場合にのみスポットが必要になります。写真のように足からしっかり落ちてきた場合は、スポットは必要ありません。ただしっかり着地できても、その後背中側にバランスを崩してしまう場合が多々あります。

そんな場合は、背中などを手で支えて、頭が地面に当たらないようにサポートしましょう。

せっかくうまく着地できたのに、頭を強打したら何にもなりません。スポッターは、足から着地できたらといって気を抜かないことが大切です。

また、スポッターは登っている人の真下に立ってはいけません。ゴール間近といっても、完全に岩の上に立つまでは落ちてくる可能性もあります。スポットは相当難しい技術なので、初心者が安易にスポットしてはいけません。

信頼できる経験者から十分に指導を受けることも大切だといえるでしょう。

NG

体が後ろにいった場合、地面に頭を打つ可能性もあります。たとえ足から着地できたとしても、その後の体勢を予想しながらスポットすることが大切。

スタートとゴール

課題のある岩の上まで登りきって、岩の上に立てばゴール

スタンディングスタート

シットダウンスタート

スタートの仕方には、スタンディングスタート シットダウンスタート、地ジャンスタートの3種類がある

外岩のボルダリングのスタートは、ジムの壁に設定されているスタートホールドと同じように、つかむ場所がはっきりトポに指定されている岩の場合と、課題となる岩のルート上であれば、開始地点付近で適当に取りついてもかまわない場合があります。また通常、足はどこに乗せても自由です。

スタートの仕方には、立ったままスタートするスタンディングスタートと、地面に腰をつけた状態からスタートするシットダウンスタート、いきなりジャンプして岩に取りつく地ジャンスタートがあります。

このようにスタート方法は3種類ありますが、同じ岩でもこのスタート方法を変えることで難易度が異なってきます。スタート地点を変えることで必然的にスタート方法が変わり、さらにそのことでゴールまでに難しいムーブが必要になり、課題の質が上がり難易度が高くなってくることがあります。課題のある岩の上まで登りきって、岩の上に立てばゴールとなります。

登る場所

ゴールしたら安全に降りてこられるルートを必ず確認しておく

課題にチャレンジする前に、頂上でゴールしたらそこからいかに安全に降りてこられるルートがあるかどうか、必ず確認しておくことが必要です。登りきった後に、どうやって降りてきたらいいかわらなくなってしまったら大変です。写真のように、登る場所と、その裏側にある降りる場所が違う場合もあります。経験者が一緒なら、しっかりアドバイスを聞くことも忘れずに。

登る場所の裏側にある降りる場所

マントリング

簡単な外岩で繰り返し練習して、確実に身につけることが大切

手首を返して、手でプッシュして さらに重心が前にくるように体を上げていく

マントリングは、外岩を登る上で必ず必要となってくるムーブ。岩の角周辺をつかんだら、はい上がっていくテクニックです。岩の核となるリップ部分に来たら、両方の手で上半身を引きつけます。

重心がリップの内側に入ったら、両手もしくは片手の親指を体の外側にくるように手首を返して、手でプッシュしてさらに重心が前にいくように体を上げていきます。

マントリングでは、上半身を岩に近づけることができればより安定します。重心が安定する場所まで体を移動できたら、あとはどちらかの手のところに、乗せやすいほうの足を持ってきて、下半身をリップ上に移動させていきます。

マントリングは、両手かどちらか一方の手を使うのか、手をどう返すか、どちらの足を上げていくかなど、状況によってやり方はさまざまなので、たくさんの経験を積んでマスターしていきましょう。

場所によっては、マントリングだけの簡単な課題もあるので、何度も練習してスキルアップしていくことが大切です。

徐々に体重を乗せながら手の平を返し、安定するところで体を押し上げていく。

DVD

簡単課題で練習する

楽しさを味わうために、最初は簡単な岩を経験する

高さはつねに低く保てるトラバースで、安全にトレーニングする

初めての外岩となると、ジムとは異なり、さまざまな面でとまどいもあり誰もが緊張するのではないでしょうか。まずは、恐怖心をできるだけ少なくするために、必ず初心者向けの簡単な課題からチャレンジしていくことが大切です。経験者と一緒にトポを見ながら、自分のレベルに適した岩を探しましょう。

中でも、ジムではほとんど経験することができないマントリング（P146～147参照）の練習ができる、低い岩から始めるのがいいでしょう。また、地面からの高さが自分の身長くらいで、横の移動から最後は少し登ってゴールする、トラバースという技術が必要な簡単課題も練習にはもってこいです。トラバース部分は実際に手で触ることができて、事前に手のかかり具合や感触を確かめておける場合が多く、その分精神的に余裕が持てます。

距離は長く、時間も長くなりますが、高さはつねに低く保てるので、安全でとてもいいトレーニングになります。また、簡単な岩でマットの移動やスポットの練習をしておくといいでしょう。

マットの移動やスポットの練習をして、慣れておくことも大切

簡単な課題でも、ジムであまり経験しないムーブが必要になります

外岩を登る Part 1

ジムでは考えられないような状況に出会えるのも外岩の楽しさのひとつ

自然の中で登る外岩は、ジムとは異なり さまざまな顔を見せてくれるから面白い

　日本の課題にしては珍しく、シットダウンスタートではなくスタンディングスタートの課題。ゴールに向かって直線のラインなら、どこからでも登れるシンプルな課題。見た目は小さくて簡単そうな岩ですが、こういった岩に限って相当難しい場合があります。岩全体がツルンとしていて、つかめるところがほとんどなく、手はほぼフリクション（岩肌との摩擦）のみで登らなくてはなりません。表面はなめらかですべりやすく、かろうじて岩の模様に手の表面を引っかけることができる程度。

　実際に見えないところに手を伸ばしてみて、「しわのような凹凸が一本あるような気がする」程度の感触にすべてをかけて登ることになります。また、手の引っかかりが使えない分、足にしっかりと乗った踏み込みが非常に大切な課題。スメアリングした後に、重心を岩の上に持っていけるかどうかですべてが決まります。このように外岩はジムとは違って、さまざまな顔を見せてくれます。ジムでは考えられないような状況に出会えるのも、外岩の楽しさのひとつといえるでしょう。

　ジムの壁と同じく、外岩をひとりで長時間占有することは止めましょう。もし次に待っている人がいたら、一度降りてしまったら速やかに代わりましょう。みんなで気持ちよく楽しむには、ルールを守ることが大切。初心者であろうがエキスパートであろうが、ひとりのボルダーにはかわりありません。岩は自然界からの楽しい贈り物です。決して逃げたりはしないので、余裕をもって楽しみましょう。

外岩を登る Part 2

手と足自由。自分の四肢を使って、岩の上に立つのが目標

外岩は、自分の四肢を使って、岩の上に立つことが目標

外岩を登れるエリアは日本だけに限らず、世界中に存在しています。その多くに、課題やグレードが詳細に書かれたトポやガイドブックなどが出ています。それを確認すれば、自分がどのレベルの課題を選択すればいいのかわかるようになっています。しかし、これはあくまで課題であって、何か特別なルールに従って登らなければいけないというものではありません。

外岩では「ココを持たなければいけない」などのホールドは決められてはいません。「自分自身の発想と感覚で、自分自身がもっとも使いやすいホールドを使って登る」それがボルダリングの基本です。外岩はジムと異なり、手と足は自由です。自分の四肢を使って、岩の上に立つのが目標なのです。またこれとは別に、「自分の指は細いから、その隙間に入れて登れる。でも他の人では指は入らない、だからこれは私だけがつかえるホールド」など、個々によっても使える部分が変わってくるのも外岩の特徴。

ひとつの岩を登るにもいろいろな楽しみ方があり、自由な反面、絶対必要となる動きもあります、経験がものをいってくることも、ボルダリングの奥の深い魅力となっているのでしょう。

登るルートは決まっていても登り方はさまざま。自分の手足で登れる方法を見つける。

岩を登る前に充分に観察しておくことが大切

　岩は一見、硬そうではがれそうな感じはしませんが、もろくなった部分や浮いたような部分も多々あります。なにも知らずに、それらの岩をホールドして「岩がとれてしまった」などという危険な状況に出くわさないために、登る前に充分に観察しておくことが大切です。カタカタと動いてはがれやすそうな部分があれば、周囲でも同じようにはがれたり割れたりする箇所があるかもしれないので、しっかり頭に入れて登ることが大切です。

外岩を登る Part 3

身の丈にあった岩を選んで、安全に楽しむことが大切

人工的に作られたジムと異なり、外岩はリスクが多いことを頭に入れておく

ボルダリングは課題が難しくなればなるほど、かなりの高さまで登り、そこからは落ちられない状態になる最後の難関が必ず出てきます。先が読めず、まして や見えない状態で手探りもできない場合があります。「ここから足を上げて、次のホールドをつかみにいっていいのか？ダメなのか？ 一度上げてしまえば今の位置には戻れず、落ちるしかない」といったように、次の動きの判断が難しく苦労することもしばしば。初心者は、岩が小さくてもこれに近い状況に直面することがあるので、どちらの場合も、その緊張感は相当なものです。ただ、この独特の緊張感があるから、外岩の魅力にはまってしまうのでしょう。

無理をした結果、高い位置から落ちれば、下はマットがあってもケガをする可能性は高くなってきます。安全第一に人工的に作られたジムと自然の中の外岩とで、ここが決定的に違うところです。外岩の難しい課題にチャレンジするには、それ相応の経験と技術が必要になってくるのです。自分自身の技術を理解し、身の丈にあった岩を選んで安全に楽しむことが大切です。経験を積んで技術が上がってから、難しい課題にチャレンジしてください。岩は決して逃げも隠れもしません。

その場の判断を間違えば、怪我につながる。つねに安全に降りられるイメージを持ちながら登ることが大切

過度のマーキングをしない、登ったあとはチョークを落とす

外岩は、チョークの白い跡が岩に残ることがしばしば問題視されます。チョークはボルダー以外の人の目には、岩を汚す不快なものでしかありません。登り終わったら、チョークを目立たなくすることが最低限のマナーです。

必ず歯ブラシのようなもので、ブラッシングしてチョークを落としてください。また、ワイヤーブラシはその硬さから岩を傷つける可能性があるので、使用するべきではありません。

外岩を登る Part 4

スタート方法を変えるだけで難易度が変わる

シットダウンスタート

同じ岩でも、スタート方法を変えるだけで高度なテクニックが多く必要

ボルダリングは、やればやるほど難しい課題にチャレンジしたいもの。自由に登ることが魅力といっても、やはり「この岩の難しい課題を初めて登れた」といったように、何かしらの基準にそった証が欲しくなります。そのためには、課題で決められたルール（スタート方法など）に従って楽しんだほうが、達成感や充実感を味わうことができるでしょう。

同じ岩でも、スタンディングスタートの課題とシットダウンスタートの課題では、その難易度は格段に変わってきます。写真上のシットダウンスタートは、手でつかむ場所は見つけやすいですが、重いお尻部分を浮かすのが困難。しかもそのお尻部分を浮かすための足のホールドを見つけることが重要で、この課題の核心部（ボルダリングでは重要なポイントのことを示す）となります。それが見つからなければスタートすることもできません。また、このように低いルーフの岩の場合、足が切れたらその勢いで地面に足を擦ってしまう可能性も出てきます。

この時、足が地面に触れてしまえばアウトになってしまうので、触らないように両腕だけで体を引き上げておく必要があります。ここをクリアして、リップを取った時点（右ページ左側写真）でゴールは見えてきます。この位置までくれば、あとはマントリングしてゴールするのみです。

参考までに、同じ場所をこのシットダウンスタートからではなく、スタンディングスタートからにしてみましょう。そうすると、2段くらい簡単な初級（P137 参照）くらいまで、グレードが下がってしまいます。このようにスタート方法によって、相当グレードに差が出てくるのが外岩の特徴といえるでしょう。

スタンディングスタート

「自然の中で自然の岩で遊ばせてもらっている」ということを忘れない

ジムなら数ヶ月も経てばホールドの位置は変わってしまいますが、その岩が破壊されたり自然に消滅しなければ、何年たっても同じ状態であり続けるのが外岩。だから課題をクリアできるまで、日数をかけて何度も繰り返し挑戦することができるのです。何度でも同じ岩にチャレンジできるのが外岩の楽しみのひとつです。学生の頃に何度挑戦しても登れなかった岩が、大人になって簡単に登れるようになっていたり、またその逆があったりと、長く同じ場所にあるがゆえに、挑戦したその回数だけ思い入れも出てくるはずです。だからこそ、本当のボルダーは岩を大切にしています。登りにくいといって岩の形状を変えたり、逆に登れないからといって、破壊してしまうなどといった行為は絶対にしてはいけません。「自然の中で自然の岩で遊ばせてもらっている」ということを、いつも心のどこかに置いておきましょう。

外岩を登る Part 5

ボルダリングには、いくつかの核心部がある

第1核心部

第2核心部

第3核心部

ジムの壁は外岩を手軽に楽しめるように、人工的に再現したもの

この岩の第1核心部は、中間部のクロスムーブ（P76~77 参照）するところです。左手で保持している状態からクロスして右手を出し、狙ったホールドをつかむ。この状態だとまだ右手でしっかりホールドすることはできないので、頭と体を回転させながら徐々に左手にかかっていた荷重を右手にかけていく体の返しを使っています。

ていねいに体を回転させながら、かかっている荷重を右手に移さないと、バランスを崩して足が切れたり、左手がホールドから抜けたりします。これができて、右手に荷重がスムーズ移り、左手が抜けて次の動きに移ることができるのです。

第2核心部は、岩の細いクラック（隙間）に腕を差し込んでいるところ。写真では見えませんが、差し込んだ手を膨らませる（この時は、指先は小さなホールドにかけ、手の甲を反対側に押しつける）ことでくさびのように手を固定して、ジャミング（P45 参照）的な動きで体を保持しています。

第3の核心部は、ヒールを岩に引っかけているところ。基本はヒールフック（P48 参照）を使っています。ヒールを小さな突起（隙間に入れているように見えますが、実際は隙間の外にある極小さな突起）に引っかけて、そこから体を引き上げています。かかとを支点に足を腕のように使う、通常では力の入らない方向への動き（強靭なインナーマッスルと、日々の鍛錬による柔軟な関節などがこうした動きを可能にしている）をしています。また、この時反対側の足のスメアリング（P51 参照）も大切になっています。このように使っているムーブやテクニックで分かるように、ジムの壁はもともとこうした外岩を手軽に楽しめるように、人工的に再現したものです。

通常、外岩のほうがジムの壁より難易度は高く、1週間も続けて外岩で登ってからジムに戻ってくると、今まで小さめに感じていたホールドがより大きく見えたり、リラックスして登れたりします。このように、外岩とジムは切っても切れない関係にあります。

自然の中で遊ぶためには、自然とはどういうものか少しずつ学んでおく

外岩は自然の中で楽しみます。管理されているジムの壁と違い、外岩は前日に雨が降れば裂け目にたまった水が染み出し、これが石灰岩なら数日間染み出しが続くことがあります。また、表面は乾いていても、裂け目などの内側は濡れているかもしれません。昼夜の寒暖の差が激しい時など、時間帯によっては凍っているかもしれません。外岩では、こうした危険も併せ持つということをつねに頭に入れておくことが大切です。自然の中で遊ぶためには、自然とはどういうものか少しずつ学んでおきましょう。

監修/野口啓代（のぐち・あきよ）
1989年5月30日茨城県生まれ

小学5年よりクライミングを始め、6年の春休みには全日本ユース選手権で中高生を押しのけて優勝し、天才少女の出現と話題になる。その後日本代表としてボルダリング・ワールドカップに参戦。優勝するなどつねに上位に顔を出し、さらにリード・ワールドカップでも入賞を重ね、08年、09年と2年連続ワールドカップ・オーバーオール部門のチャンピオンとなる。今や世界最強女性クライマーのひとり。

企画/編集：株式会社トップエンド
編集スタッフ：岩田克巳　森岡 匠
スペシャルアドバイザー：渡辺数馬
本文アートディレクション：荻窪裕司（ビーニーズ）
カバーデザイン：坂井栄一（坂井図案室）
スチール撮影：金子雄爾 Takumi
DVD撮影・編集：株式会社カムサイド
撮影協力：スポルティバジャパン

DVDでよくわかる
だれでも楽《たの》しく上達《じょうたつ》ボルダリング

2010年7月17日　初版第1刷発行
2014年4月28日　初版第4刷発行
監修者　野口啓代
発行者　村山秀夫
発行所　実業之日本社
〒104-8233　東京都中央区京橋3-7-5 京橋スクエア
電　話　03-3535-3361（編集）
03-3535-4441（販売）
実業之日本社ホームページ
http://www.j-n.co.jp/

印刷所　大日本印刷株式会社
製　本　大日本印刷株式会社
©Akiyo Noguchi 2010 Printed in Japan（趣味実用）
ISBN978-4-408-45293-7
落丁・乱丁の場合はお取り換えいたします。
実業之日本社のプライバシーポリシー（個人情報の取り扱い）については、上記ホームページをご覧下さい。

本書の一部あるいは全部を無断で複写・複製（コピー、スキャン、デジタル化等）・転載することは、法律で認められた場合を除き、禁じられています。また、購入者以外の第三者による本書のいかなる電子複製も一切認められておりません。

■撮影協力地

ジム/ロッキー品川店

外岩/大沢ボルダー（東京トラウトカントリー）